韓食點餐完全圖解

看懂菜單╳道地吃法╳實用會話

不會韓文照樣吃遍烤肉、炸雞、鍋物、海鮮市場等 14 大類正韓美食

吃美食的旅遊樂趣

說起規劃韓國的旅遊行程，有些人喜歡的旅行，不見得必去哪些地方，而是一定要吃到某幾樣美食，似乎餐與餐之間的各個景點或購物，變成是去飯後散步，多走動加快消化速度，才能繼續再吃下一餐啊（笑）！

「食物」是人類生存最基本的五大需求之一，出遊時無論景點好玩與否，總是得要休息用餐，才能繼續往下一站前進，但更多時候不只是吃飽就好，而是希望吃到自己喜歡、有興趣的美食。在台灣溝通不太是問題，可以自由選擇想要吃什麼，但去到語言不通的國家，點餐和用餐過程，多少會有些不方便與不習慣，如果可以提早了解韓國飲食的相關文化，事先知道有哪些料理，在安排旅遊行程的時候，就可以知道要去提供哪類餐點的店家，才能吃到自己喜歡的食物，也可以避開禁忌或不吃的東西。

外國人去韓國旅遊時，多半以吃韓式料理和小吃為主，雖然有些店家會準備外文菜單，或放上餐點照片，但網路翻譯軟體無法完全精準，有些菜名譯文還真的是會嚇到人，單看照片也不一定能清楚知道，餐點是使用什麼肉類、有哪些配料。或是有些辣味料理，該怎麼表達調整辣度？聽說韓國料理份量都很多，有些還要每次點兩份以上，那一個人出遊難道就只能依靠便利商店裹腹？

寫這本書的主要目的，就是希望讓大家在還沒出國之前，能預先認識韓國美食，而去到韓國之後，也都可以順利點餐。預祝各位都能吃好吃滿，有個開心飽足的韓國美食之旅。

Helena 海蓮娜

用美食來想念韓國

　　對於喜歡到國外旅行的人來說，2020 是黯淡的一年，新冠肺炎蔓延全球，為了防止疫情繼續擴大，在不得已的情況下，必須要限制國際旅行，於是在台灣吃異國料理，無論是去餐廳，或是自己在家煮，都是想念美好旅行的方法。為此，我重新開始動筆，把之前因為工作忙碌，已擱置許久的企劃案，從電腦資料夾找出來，在無法出國的這段時間，一邊想念著我喜歡的韓國美食，一邊把這些美食的背景故事整理出來，以及餐點的中韓文、拼音與實用會話，希望讓這本書兼具實用性和文化深度。因為不能出國，無法親自去韓國補拍缺少的照片，感謝各相關單位，以及各位朋友們，在疫情嚴峻之時，給予我各種幫忙，也感謝韓文審校的王稚鈞老師，以及本書的編輯、美編，協助我修改校對，讓這本書可以順利出版，僅以本篇特別序，向各位表達我最誠摯的謝意。

感謝：

韓國大邱市文化體育觀光局（한국 대구시 문화체육관광국）

韓國大邱市旅遊事務局（한국 대구관광뷰로）

韓國慶尚北道文化觀光體育局（한국 경상북도 문화관광체육국）

韓國慶尚北道文化觀光公社（한국 경상북도 문화관광공사）

Daphne 探索生活趣	Dina 的幸福旅程
Helen（헬렌）	Lisa（리사）
Mint X Korea 旅遊紀錄 & 生活雜記分享	Pknote - PK 的吃吃喝喝筆記本
Shisan	Windko。臺灣 / 韓國 / 旅遊美食生活
三小 a 的隨手拍寫	大口老師的走跳學堂
王淨嬪（왕정빈）	加小菲愛碎碎唸
朱惠麟	艾妃・艾生活 Erin loves life
姚怡安 (Annie Yao)	姚喬翊 (Joey Yao)
胡漢娜	酒雄瘋日本
萍萍的美食記錄網	跳躍的宅男
傳說中的挨踢部門 Mobileai	權完珍（권완진）

到韓國的餐廳用餐時，要注意哪些事情？

🔍 每人點一份餐點是習慣和禮貌

韓式料理餐廳大多沒有設定最低消費金額，但韓國的用餐習慣，基本禮貌是「一人點一份」，不過食量較小的孩子，通常會被允許可以例外，與大人共食餐點。如果真的吃不下那麼多，建議可在非用餐尖峰時間前往，並且進店前事先詢問，才不會造成店家的困擾。

🔍 不要一進門就拍照

去到國外旅遊，喜歡拍照是很自然的，尤其是裝潢特別的環境，更是想要到處多拍幾張。但是對於店家來說，客人入座要送上小菜和水瓶，若還沒點餐就直接開始拍照，店家也不知道客人是否真的要消費，會感到有些困擾，所以先入座點餐之後再去拍照，這樣會比較好喔！

🔍 小菜續添吃到飽，但是……

韓國料理店隨餐都有提供小菜，基本會有各種泡菜、辣蘿蔔、海帶絲、醃大蒜、蘿蔔片等，在一人點一份餐的前提下，多數小菜吃完可以再續添，方式為呼叫店員或自助式拿取，各店家不相同。但不可以「多人點一份，小菜吃到飽」，這樣是很沒有禮貌的行為喔！

🔍 部分餐廳料理要一次點 2 人份以上

韓國的燒烤類、火鍋類餐廳，例如：烤肉、炸雞、部隊鍋、辣炒雞排等，通常都是要一次點 2 人份以上（少數為 3 份起），或基本每鍋就是 2 ～ 3 人的份量。但是以燒烤類的餐點來說，其實每份的量並不會很多，除非是很小鳥胃的人，不然一人吃 2 份還是 OK 的啦！

在餐廳裡可以拍照嗎？

一般來說，韓國的餐廳店家不太會限制拍照，但基於禮貌和尊重他人，請勿在未取得同意的情況下，偷拍特定人的外觀樣貌。若有使用閃光燈、補光燈等設備，也建議先詢問店家，或是盡速拍攝完畢，避免打擾影響到其他用餐客人的權益。

餐廳裡通常只提供冰水、涼水

即使在冬天，韓國的餐廳也幾乎都只提供從飲水機裝取的冰水或涼水。這樣喝冰水的習慣文化由來說法眾多，有人覺得是受到日本、美國的影響，但餐廳不主動提供熱水，據說也是因為韓國餐廳的水杯多是薄款的不鏽鋼材質，隔熱效果不太好，早年發生較多燙傷事故，因此多數餐廳店家把飲水機的熱水鈕封起來，直接提供冰水或涼水。不過因為很多韓國人有餐後喝咖啡的習慣，有些店家會有「快煮壺」（전기포트），若特殊情況需要飲用熱水，在不是太忙碌的時段，也許可以試著問問看。(實用會話可參閱 P.254)

礦泉水（생수） VS 飲水機（정수기）

在礦泉水、飲水機隨處可見的現代，其實很難想像，韓國在 1994 年以前，是禁止本國人購買礦泉水的，只對駐韓的外國人有限度開放。而飲水機隨著美軍傳入韓國後，也因為價格昂貴無法真正普及。直到 1991 年，韓國最長的洛東江發生化學物質污染事件，導致民眾對於自來水的不信任感大幅提高，非法的礦泉水市場逐漸活絡，後來到 1994 年才開放合法買賣礦泉水。

在同一時期，雖然不信任自來水的品質，但飲水機的價格相當昂貴，一般人難以購買，飲水機公司看到商機，推出「以租借代替購買」，類似現代的分期付款，每個月只要少許費用，就能享受到飲水機的品質與便利，付費幾年就能取得機器的所有權，或是選擇再更換新的機器。為了讓顧客能安心來吃飯，餐廳也紛紛裝設，至此飲水機才在韓國逐漸普及，甚至連一般家庭也都常會使用。

請留意說話交談的音量

出國玩多少會較為開心興奮，想要趁吃飯的時候跟朋友聊天，分享旅遊趣事。韓國餐廳倒也不是完全不能說話，但是部分環境氣氛較為安靜的店家，在店內說話的聲音太大，不僅會顯得突兀，也會影響到其他客人，因此還是要留意交談的音量喔！

可以使用 Wi-Fi 上網和插座嗎？

咖啡甜點等西式餐廳店家，多數會提供免費 Wi-Fi 上網。帳號密碼通常會打在點餐收據上，或是寫在菜單上、貼在櫃台前或牆壁上，傳統料理的店家則是大多沒有提供。充電插座部分，多數看到的都可以使用，少數不能用的會直接用膠帶封起來。

用餐尖峰不要分開付帳

同桌的客人點餐，出餐明細會打在一起，如果要分開結帳，離峰時段客人不多時也許還好，但用餐尖峰時間店家很忙碌的時候，會希望加快結帳速度，不然一群人卡在櫃台算錢，多少會影響到其他客人。因此建議在座位上先算好費用，派代表一次結帳為佳。

餐點吃不完可以外帶嗎？

早年韓國人沒有內用後再打包的習慣，部分湯湯水水的餐點也不方便打包，但是近年來習慣有改變，多數店家會準備包材，讓客人將吃不完的餐點帶走。不過，因為小菜是附送的，通常不提供打包，或是外帶提供小份量的包裝。另外，少數店家在已經內用後，如果有需要打包外帶，會酌收包材費約 W 300 ～ 500。

閱讀本書之前，你需要知道的

韓國常見的「洞」名

韓國的地址，以往是用「ＸＸ洞」來區分，但近年經過整併，目前地址已不使用洞名，但在實際生活中，還是多習慣舊有名稱。本書為介紹各地區飲食的特色文化，故予以保留常見名稱。

餐點價格的縮寫

韓國部分店家，特別是咖啡、甜點、麵包等西式餐點類，菜單上的價格，大多會以縮寫方式呈現，舉例來說，價格₩3,500縮寫成「3.5」，價格₩15,500為「15.5」，依此類推，都是以韓幣計費，不會是美金喔！

韓文菜單的寫法

書內若有特定連鎖餐廳的菜單，餐點名稱以店家的官方用法為主，其餘則是以正式韓文用法來做編排。

貨幣標示、餐費預算

本書所有金額，皆以韓國貨幣「韓圜」（₩）為單位。韓國餐飲價格比台灣高，以正餐來說，建議每餐基本預算抓在₩5,000～₩10,000（約143～286元新台幣）。同一種餐點的價格，可能會因為食材品質、所在地區、物價漲幅等因素而相異，本書所列金額僅供參考。

本書使用說明

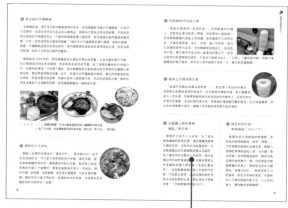

韓國飲食文化介紹

正式進入各類型餐點之前，讓大家對韓食及餐廳用餐習慣有更進一步的深入了解。

餐飲類型開門頁

方便讀者快速查詢想要吃的餐飲類型。

美食家筆記

貼心整理該類型餐飲注意重點，讓大家避免因誤會而踩雷，並且能懂吃會吃，大快朵頤更盡興。

肉品 / 餐點
介紹說明

讓大家能對不同部位的
肉品和各種餐點口感更
了解。

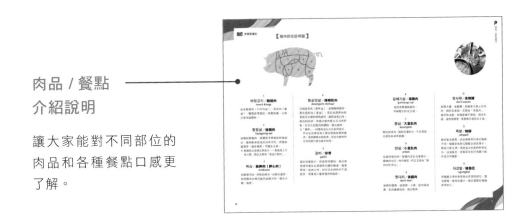

餐點菜單

圖文介紹各餐點品項，
並有中文、韓文、拼
音，可以更方便點餐，
盡享美味。

實用會話

包括各種情境對話，如
用餐消費前、點餐、需
要服務等，實用性提升，
用餐品質更完整。

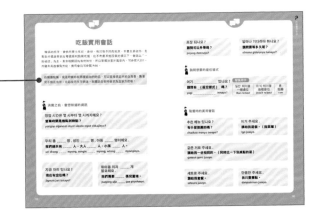

15 韓國的餐飲文化

23 相揪一起吃燒烤

45 吃炸雞要配啤酒啊

韓國的餐飲文化

以往韓國人的習慣，是與家人一起在家裡吃早餐，而且要有米飯、湯鍋、小菜這樣的內容，不過這對台灣人來說，簡直就是晚餐的等級。雖然近年外食頻率變高，除了速食店、紫菜飯捲店，就連西式吐司店也越來越多，但仍有不少韓國人，習慣從早餐開始就要吃到米飯。

對於短期旅遊的人來說，不一定要太深入考究到底為什麼，但是多了解韓國人怎麼吃、吃什麼，入境隨俗且尊重當地的文化之餘，也能讓自己有提早應變準備的機會，可以降低不習慣的感覺，使旅程更為順利，讓自己擁有更多美好的回憶。

從群體用餐到一個人吃飯的餐廳

韓國人大多習慣群體活動，用餐的時候也是如此，通常不會自己單獨吃飯，所以韓劇的劇名《一起吃飯吧！》，也是生活中常會聽到的用語。但是近年獨自旅行的風氣日盛，自己一個人想吃什麼都隨意，更能享受自由自在的放鬆感。不過，韓國哪些地方可以一個人吃飯呢？通常人蔘雞、雪濃湯、炸醬麵、紫菜飯捲、各種湯飯等類型的店家，都有提供每人單獨一鍋／份的餐點，一個人旅行吃飯用餐也沒有問題喔！

「以口就碗」不端起來吃

韓國餐廳使用的飯碗和湯鍋，因為大多是容易導熱的鋼銅材質，不像瓷碗底部有墊高可以隔熱，或是像石鍋的體積較大、重量較重，不方便端起來，所以韓國人吃飯的時候，多是習慣「以口就碗」，把碗放在桌上來用餐，與台灣人用手端碗的「以碗就口」不太一樣。若是吃到最後，底部的湯不容易喝完，可以把鍋子一側稍微抬高，或是在鍋用隔熱小托盤上墊高，就能以湯匙喝到最後的湯囉！

有不辣的韓國料理嗎？

可能是因為辣味泡菜的名氣太響亮，那紅通通的顏色，讓許多人有了刻板印象，覺得韓國料理普遍都是很辣的食物，所以也讓有些對韓國還不熟悉的人焦慮，怕旅遊韓國時，同行的老人小孩吃不習慣，一直詢問：「韓國有不辣的食物嗎？」關於這一點大家其實不用擔心，韓食當然也有不辣的餐點，例如：烤肉、炸雞、雪濃湯、人蔘雞、炸醬麵、紫菜飯捲、豬肉湯飯等，種類多到真的很難一一列舉，與其怕味道太辣不能吃，倒不如擔心胃的容量不夠，無法把韓國美食一網打盡。

🔍 餐桌上的全勤配角 ── 泡菜

　　韓國人的飯桌上，每餐至少都會有 2 ～ 3 樣小菜，其中最常見的就是各種泡菜。對韓國人來說，泡菜可算是半個主食，沒有泡菜簡直沒辦法吃飯啊！

　　位於高緯度的朝鮮半島，冬天非常寒冷漫長，古代農作物的種植技術和保存設備不佳，為了在冬天也能吃到蔬菜，因此在秋天採收之後，預先將蔬菜以各種調味料醃漬起來，供給過冬食用所需，成為韓國傳統的飲食文化之一，「越冬泡菜」也被登錄為聯合國教科文組織「人類無形文化遺產」。對韓國人來說，泡菜已經不只是單純的食物，而是一種代表的象徵。

　　目前韓國泡菜約有 200 多種，根據季節和地區的不同，很多植物都能做成醃漬泡菜。朝鮮時代白菜和辣椒傳入朝鮮半島，流傳至今成為最常見的辣味大白菜泡菜，也是多數人對泡菜認知的刻板印象。但泡菜也不全都是辣味，炸雞店提供的白色醃蘿蔔，就是充滿酸味但完全不辣。依照醃漬時間長短，泡菜也會有不同的風味（P.158），放置數月、酸味濃郁的老泡菜，或是當天現做、口味清新的即食泡菜，因為醃製的時間很短，所以又被稱為小朋友泡菜。總之，泡菜的變化非常多樣，在韓國的餐廳吃飯，每天都會有不同的小菜驚喜！

🔍 扁筷、湯匙，餐具在哪裡？

　　「店員怎麼沒有拿餐具來……」這時候，你可以看看桌面上有沒有餐具盒，或是桌子側邊可能暗藏的小抽屜，只要打開來，就可以看到餐具、餐巾紙會擺放在那裡。韓國人慣用的扁筷和湯匙由來說法不一，多數人覺得與食器造型的改變有關；另有一種說法是，古代用小桌子把餐點端進屋裡吃，圓邊有彎度的餐具，容易在移動時滾落，所以做成扁平樣式。而現代的筷子、湯匙多以鋼製為主，有稜角的筷頭也可將菜餚切割成便於食用的大小。

🔍 裝米飯的不鏽鋼碗

　　去韓國旅遊，幾乎每天都有機會看到的東西，就是餐廳裝米飯的不鏽鋼碗，已經不只是餐具，也成為很多紀念品店的必備商品。朝鮮時代貴族主要使用銅器，平民則是多以便宜的木製器具為主。日據時期銅礦產量大幅提高，使得銅器的使用量達到最高峰，此外一般家庭則是大量使用錫器；1960 年代不鏽鋼製品傳入韓國，相較於銅器、錫器，不鏽鋼製品更容易清洗保存，拿布簡單擦乾後就能恢復漂亮的光澤，也更為耐用耐磨，因此大受家庭主婦們的歡迎。

　　韓戰後的 1970 年代，稻米產量遠低於國民所需的食用量，主食米飯供需不平衡，因此韓國政府提出多項措施，希望降低稻米的使用量，除了推動以麵食取代米飯之外，從當時的漢城（今首爾）開始，規定餐廳要把米飯裝盛在制式規格的不鏽鋼小碗裡出售，藉以降低米飯的份量。此外，有蓋子的不鏽鋼碗好處是，事先把米飯煮好裝在碗裡，然後放置在保溫桶，用餐尖峰客人瞬間湧入時，可以快速拿取出餐，當時的規定流傳至今也演變為習慣，成為韓國餐廳的一種特色印象。

1 │ 2 │ 3 │ 4　　1. 2. 3. 韓國的餐廳，至今多數都還是使用不鏽鋼碗來裝米飯
　　　　　　　　 4. 除了白米飯，有些餐廳會是提供紫米飯，韓文為「흑미밥」（黑米飯）

🔍 攪拌均勻才好吃

　　韓國人習慣把各種食材「攪拌均勻」，覺得融合在一起才是美味的吃法。不只是大家熟悉的全州拌飯，要把米飯、配菜和辣椒醬拌到均勻，還要維持米粒的完整，有些熱心的店員看到外國人不會攪拌，還會直接衝過來幫忙。其他如：辣拌冷麵、咖哩飯、海鮮蓋飯，甚至是炸醬麵等，也都是要把飯、麵、醬料拌均勻後才開始吃，就連吃刨冰的時候，也是要先把各種配料和冰都拌在一起喔！

按服務鈴呼叫好方便

「要點什麼東西？就按鈴吧！」初到韓國的外國人，可能對此會有點黑人問號，到底要按什麼鈴呢？很多韓國餐廳的桌面上或側邊，會設置扁平式的呼叫鈴，不論是要點餐、加水、加湯、續小菜等等，都可以直接按鈴呼叫店員。有些餐廳是包廂座位，或是店內忙碌、揮手揮半天也沒有人會看到的情況下，就可

以按呼叫鈴請服務生過來，不用自己跑過去叫人，「叮咚」一聲很是方便。但請不要連續按好幾下催促，除非沒人過來服務才再按一次，會比較有禮貌喔！

餐桌上的捲筒衛生紙

「這個不是應該放置在廁所裡……」對台灣人來說有些驚訝，捲筒衛生紙應該是廁所裡使用，但在韓國的傳統市場、鄉土餐廳或部分小吃店裡，常會看到捲筒衛生紙就直接放在餐桌上。在當地來說，這樣長長連續、容易拉取的衛生紙，有象徵好運持續不斷的意思，加上相當實用，所以在祝賀喬遷之喜時，韓國人常有贈送捲筒衛生紙的習俗。

在餐廳上廁所要帶鑰匙／衛生紙？

韓國的大城市人口密集，為了增加建築樓板的使用面積，滿多餐廳或商辦大樓的店面，沒有在店內設置廁所，而是整樓層或是在樓梯間設置公共廁所。為了避免沒有消費的人來使用，部分這種公用的廁所會鎖起來，消費者要跟店家拿鑰匙或電子鎖密碼（可能在櫃台旁），或是點餐後看收據上的廁所門密碼，才能進去使用。而且這類的廁所可能也沒有放置衛生紙，要記得自己帶進去喔！（可參閱實用會話 P.251）

辣死你的代表─青陽辣椒（청양고추）

韓國中部忠清南道的青陽郡，是知名的綠辣椒產地，後來「青陽」二字更演變為辣椒的品種名稱。韓國人習慣把青辣椒當成小菜，沾大醬（韓式味噌）或拌飯醬直接吃，雖然相異品種的辣度會不一樣，但如果是在韓國餐廳的菜單上，看到菜名的中文翻譯為「青陽 XXXX」，那道菜就不只是會辣，而是非常辣的意思，不嗜辣的人千萬別遲疑而點下去，小心吃到噴火，腫到變成香腸嘴啊！

🔍 山區郊外景點的餐廳

　　韓國郊區景點周邊的餐廳，雖然不見得會有外文菜單，但通常都會有山菜拌飯（P.136）、海鮮蔥煎餅（P.156）、三大湯鍋料理（P.98）等基本選項。依照所在區域的地理位置，主要食材會略有不同，例如：內陸不靠海地區常見的螺肉湯飯（P.107）。鄉土餐廳的涼拌橡實凍（P.107），以橡樹果實（松鼠愛吃的那個）和各種蔬菜製作的韓式涼粉，以及口味清爽的豆腐泡菜（P.153），在氣候炎熱時特別受到韓國人的歡迎。

1 | 2 | 3 | 4

1. 螺肉湯飯（다슬기국밥）2. 海鮮蔥煎餅（해물파전）
3. 涼拌橡實凍（도토리묵）4. 山菜拌飯（산채비빔밥）

🔍 去除異味、防止衣服弄髒

　　享受美食之後，身上或口腔內會殘留食物的味道，為了去除這些複雜的氣味，多數餐廳會在櫃台處準備薄荷糖和去味噴劑給客人使用。或者去烤肉店用餐時，詢問一下有沒有可放外套包包的大塑膠袋（큰 비닐봉투），部分椅子的坐墊可掀開放置物品，也能防止吸附食物的味道。有些店家也會提供用餐圍裙，防止衣服被弄髒。（可參閱實用會話 P.250、P.251）

1. 韓國餐廳的圓筒椅子，通常椅墊可以打開放置物品 2. 有些店家會提供用餐圍裙（앞치마）3. 清潔口腔氣味的薄荷糖

⊙ 飯後來一杯咖啡吧

這是相當常見的韓國飲食文化，部分餐廳的櫃台旁或店門口，到現在都還會擺放小台的自動咖啡機。機器上的數字為販售價格，若顯示「000」則是代表免費，按下按鈕後，會從機器裡會掉出紙杯來盛裝咖啡。可別小看這免費的三合一咖啡，有很多還真的是挺好喝的呢！（韓國咖啡介紹可參閱 P.205）

⊙ 什麼鬼地方都能外送

台灣近年來才逐漸開始流行餐點外送行業，但在韓國卻是行之有年，而且多以店家自有的外送人員為主。無論是工作忙碌、懶得出門、天氣不好，只要打個電話（或使用 APP），熱騰騰的豬腳、炸醬麵、炸雞、披薩等等，多樣餐點就能送達指定的「位置」。不一定需要地址，也可以去河邊公園野餐，只要說明「入口起第幾棵樹」、「某某橋的橋墩下」、「哪個區段的碼頭邊」等，不用懷疑，連這樣的位置都能外送，做到真正的使命必達。（可參閱叫外送 P.48、P.49，實用會話 P.66）

1	2
3	4

1. 炸雞（P.45）2. 安東燉雞（P.82）3. 豬腳（P.76）4. 韓式中華料理（P.181）

用哥哥、姊姊，取代大叔、大嬸

　　類似台灣早餐店，很多老闆會稱呼客人帥哥、美女的概念，韓國人大多也喜歡年輕稱謂。雖然稱呼對方大叔、大嬸也沒有錯，但只要稍微調整一下，既不失禮貌，又可以讓對方心情愉快。除非是年紀差距很大的長輩，不然在餐廳或是購物的時候，這招都是很好用的喔！

		自己是女性	自己是男性
一般稱呼		**이모／姨母** imo	
	對方是女性	**아주머님／大嬸（敬語）** ajumonim 比起「아줌마」（阿珠媽、ajumma），敬語「아주머님」更適合放低姿態、有求於人的時候使用。	
	對方是男性	**아저씨／大叔** ajossi（阿揪係）	
嘴甜稱呼	對方是女性	**언니／姊姊** onni（歐妮） 女性稱呼女性。	説明：男生這時候不建議喊「姊」。
	對方是男性	**오빠／哥哥** oppa（歐巴）	説明：男生這時候不建議喊「哥」。
		사장님／社長 sajangnim 即使對方是職員或工讀生，這樣稱呼也是可以的。	

22

相揪一起吃燒烤

　　韓國人吃烤肉的由來已久，早從西元前的高句麗時代就有記錄，演變到現代以牛、豬、雞為主。但牛肉價格普遍較高，雞肉還有其他料理手法，因此豬肉成為最常見的烤肉選擇。依照各肉品的不同種類部位，分成有生鮮直烤、先醃漬過再烤，或是也有店家主打乾式熟成；烤爐則有炭火、鐵盤、平底鍋等，其中炭火又分為真木炭、原子炭，而平底鍋則多是將薄片肉煎烤後，隨著麵食一起吃，或製作成烤肉湯鍋。韓國有些燒烤店，會同時提供多種類肉品，如果擔心誤食到自己不吃的，建議點餐前先詢問一下喔！

參考價位：
烤肉每份單點，豬肉約 ₩ 10,000 起，牛肉約 ₩ 20,000 起，大多基本要點 2 份（少數 3 份）。

燒烤的基本起點份量

韓國的燒烤類店家，大多是基本要點 2 份肉類，少數要點 3 份，或是人頭、座位費要 2 人以上。以單點的店家來說，每份肉類的重量其實不會很多，大約只有 120 公克左右，除非是很小鳥胃的人，要不然通常一個人也能吃完 2 份肉，所以不用太擔心，就勇敢走進店裡開吃吧！

烤肉店菜單上的「生肉」、「花肉」

생／生

saeng

菜單上的肉品名稱，如果有寫「생」（生），例如：豬的「생삼겹살」（生三層肉），是指沒有冷凍過的溫體肉品，僅以冷藏的方式保存，通常會有更新鮮的感覺。若是只有寫「삼겹살」（三層肉），則可能是經過冷凍保存的肉品。

꽃／花

kkot

同樣部位的肉品，若名稱前有「꽃」（花），例如：牛的「꽃등심」（花外脊），是指肉品油脂分佈像雪花一般，白色的部分較為明顯且均勻，吃起來入口即化。如果只有寫「등심」（外脊），則相對來說肉品的口感較為扎實有嚼勁。

烤肉、烤腸用生菜包著吃

在韓國吃燒烤的時候，也會附上泡菜和其他小菜；肉類可以單吃、沾醬料吃，或是用生菜、醃漬菜、酸蘿蔔片等，把烤肉和小菜包在一起吃。而且韓國人覺得在吃生菜包肉時，要一口吃下才是最美味的吃法，所以不要包得太大，才會比較好吞喔！

🔍 牛、豬肉的部位名稱可能不同

　　牛和豬的同部位肉、內臟，在韓文裡可能會有不同的講法，或是在韓國各地的方言裡會有不同名稱，例如：內臟部分的橫膈膜，牛的稱為「안창살」（安昌肉），但是豬的俗稱「갈매기살」（海鷗肉、P.35）；或是雖然韓文都是「막창」，在牛身上是指第四個胃，但在豬身上卻是大腸頭。如果擔心誤吃到自己不吃的肉類，建議再次向店家確認是牛或豬為佳。

🔍 美味、防烤焦小撇步

　　有時炭火太旺盛，烤盤導熱快，或是聊天聊到忘記，吃的速度追不上肉烤好的速度，這時建議可將幾片生菜鋪放在烤盤上，把烤好的肉放在上面，如此既能保溫，又能防止烤焦，可以慢慢享受烤肉的美味唷！

🔍 續攤喝酒的燒烤店

　　韓國人聚餐有「續攤」的文化，可能一晚上會跟同批朋友跑 3 ～ 4 家店，所以有些燒烤店不是以吃飽為主，而是喝酒聊天的地方，這類店家的餐點份量也許不是太多，如果覺得吃不飽，可以參考 P.42 的單元加點配餐，或是直接學韓國人去續攤吧！

牛肉烤肉
소고기 구이

　　韓國餐廳裡提供的牛肉，大致分為以下三種：「韓牛」有經過專業評鑑分級的最高檔韓國肉品，「肉牛」生長在韓國的牛隻，以及標示產地的進口牛肉。真正的韓牛肉價高量少，通常要在專門餐廳才能吃到，或是去肉品市場吃的價格相對較為實惠，一般餐廳多以提供肉牛、進口牛肉為主。吃牛肉烤肉時不用全熟，烤到太硬反而不好吃，與西式牛排一樣，約 5～7 分熟度的軟嫩口感最佳喔！

🔍 最高級的韓國肉品──韓牛（한우）

　　不是生長在韓國的牛，就可以叫韓牛！所謂的「韓牛」，是以特殊方式在韓國飼養，各地會有不同的作法，但是都須通過專業評鑑分級，如：Ａ＋＋、Ａ＋、Ａ…等，經由如此認證的韓國牛隻，才能稱為韓牛。高品質的韓牛肉量少價高，在韓國人心中代表「貴重」，結婚喜慶、對他人表示感謝時，常會將韓牛肉當作餽贈的禮物。

　　「韓牛」的肉質比一般肉牛更鮮嫩，且膽固醇含量低、不飽和脂肪酸高，只要輕輕地在炭火上刷個幾下，不一定要沾醬，單吃就能品嘗到鮮甜的味道。但等級越高的韓牛肉，含油脂量也越高，吃太多容易覺得膩口，或是腸胃不太舒服，建議可用不同等級、部位相互搭配。

1 | 3
2 |

1. 由農會或盤商直營的烤肉店，可自選部位和油花量，價格也較實惠 2. 韓牛以「Ａ＋＋、Ａ＋、Ａ…」或是「1＋＋、1＋、1…」來分級 3. 越高等級的韓牛肉，脂肪量也相對越豐富，建議可搭配不同等級、部位一起吃

馬場洞畜產市場

majang-dong chukssan-sijang

　　首爾城東區的馬場洞，原是朝鮮時代有名的養馬場，隨著馬匹需求逐漸減少，因此轉型畜牧牛豬，並經營屠宰場。後來都市發展，在這區興建住宅和學校，所以將屠宰場遷移至其他地方，保留成為首爾最大的肉品傳統市場。

　　現在市場旁的矮房巷弄裡，聚集多家專售韓牛、韓國肉牛的炭火烤肉店，用相較於高檔餐廳 5 ～ 7 折的優惠價格，就能品嘗到新鮮上等的烤牛肉。或者也可以先在肉攤買肉，到市場公設的鐵盤烤肉店，只要再付幾千 ₩ 的座位小菜費用，就可以品嘗新鮮烤牛肉的美味。韓國饕客所熱愛的韓牛，產地不止一處，各自都有不同的特色風味，但馬場洞是美味與荷包兼顧的高 CP 值首選！

馬場洞畜產市場旁餐廳街的烤肉店，有提供韓牛的綜合部位拼盤

🚩 DATA

地址 서울시 성동구 마장동（首爾市城東區馬場洞）

時間 1. 烤肉美食街店家：約中午～ 23:00 之間

　　　 2. 畜產市場攤商：約每天早上～ 20:00 左右

交通 1. 首爾地鐵 541 馬場站 2 號出口，步行約 10 分鐘可到畜產市場

　　　 2. 首爾地鐵 211-3 龍頭站 4 號出口，步行約 10 分鐘可到烤肉美食街區

備註 烤肉美食街的店家以提供牛肉為主，大多無豬肉

【 牛內臟部位說明圖 】

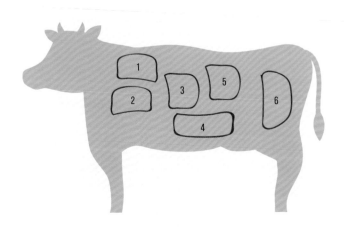

1

양／牛的第一個胃：牛瘤胃
yang

俗稱草肚，表面呈疙瘩狀，口感堅韌。
※「양」這個字單看是「羊」。

2

벌집양／牛的第二個胃：牛網胃
boljimn-yang

俗稱金錢肚，表面呈蜂窩狀，口感堅韌。

3

천엽／牛的第三個胃：牛瓣胃
chonyop

俗稱百葉、毛肚，表面呈片狀，口感較
為爽脆。

4

소 막창／牛的第四個胃：牛皺胃
so makchang

俗稱牛肚，是牛真正在消化的胃。
※「막창」如果是換成豬隻，則指的是「大
　腸頭」。

5

소창／牛小腸
so-chang

又稱為牛肥腸（소 곱창），腸子內含吸
收營養的消化液，所以切開後會有白色
的物質。

6

소 대창／牛大腸
so daechang

大腸內含油質，所以切開後與肥腸不同，
不含白色物質。

【 牛肉部位說明圖 】

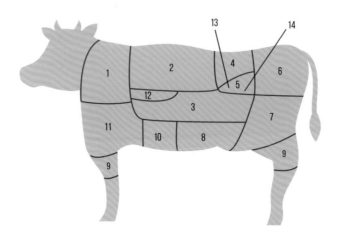

1
목심／牛頸肉
mokssim

脂肪少，口感較堅韌（硬），多瘦肉，適合燉湯。

2
등심／牛里肌肉
deungsim

包含里肌肉（등심）、梅花肉（꽃등심）等部分。肉質結實、肌肉纖維多、口味佳，油花少的部位——里肌肉，適合製作肉乾，油花多的部位——梅花肉，適合切薄片燒烤或煮火鍋。

3
갈비／牛肋排
galbi

包含牛肋排、牛肋條（꽃갈비）、牛小排，肉質彈牙，適合燒烤、炭烤，或做成牛排。

※ 此部位亦包含俗稱「紐約客」與「丁骨」的部分。

4
채끝／牛前腰脊肉
chaekkeut

肉質鮮嫩，有豐富的肉汁與如同大理石般的油花紋理，適合做成牛排。

※ 此部位亦包含俗稱「沙朗」的部分。

※「韓牛」另有販售「牛里脊」（채끝등심），是介於里肌與腰脊肉中間的部位區塊。

5
안심／牛後腰脊肉
ansim

俗稱「菲力」的部分，為腰部最軟嫩的部位，脂肪較少、數量也稀少，適合做成牛排。

6
우둔／牛臀肉
udun

脂肪少，肉質粗硬，但肉的味道濃郁，適合做成牛排。

7
설도／牛後腿肉
soldo

脂肪少，肉質粗硬，適合燒烤。

8
양지／牛腹肉
yangji

油質較多，包含牛五花、牛腩、牛培根
等部分，適合燒烤或煮湯。

9
사태／牛腱
satae

牛腿上的肌肉，筋多、肉質硬，適合煮
湯或燉類料理。

10
양지머리／牛前胸肉
yangjimori

油質少、肉質硬，適合燉煮。

11
앞다리／牛前腿肉
apttari

脂肪少，非特殊部位，適合各式料理。

12
제비추리／牛頸脊柳
jebichuri

靠近牛脊柱上細長的部位，肉的纖維方
向一致，量少稀有，適合燒烤。

13
토시살／牛厚膈膜肉
tosisal

橢圓狀的橫膈膜肉，脂肪分布均勻，口
感更滑順，適合燒烤。

14
안창살／牛橫膈膜肉
anchangsal

中譯常以韓文發音翻為「安昌肉」。長
條狀的橫膈膜肉，口感滑順，適合燒烤。
※ 這個字專屬牛肉使用，豬的橫膈膜肉俗
稱為「海鷗肉」，可參閱 P.35、P.37。

燒烤店牛肉類菜單

<table>
<tr><td>1</td><td>2</td></tr>
<tr><td>3</td><td>4</td></tr>
</table>

1. 韓牛或肉牛，通常會搭配菇類一起烤來吃 2. 牛後腰脊肉（안심）3. 牛肋排肉（갈비살）4. 牛里肌肉（등심）

韓國牛肉的部位，分法不同於西式牛排，可參閱本書 P.30 的對照說明。

한우／**韓牛**
hanu

육우／**肉牛**
yugu

소고기／**牛肉**
sogogi

모듬／**綜合**
modeum
各種部位的拼盤。

양념／**調味**
yangnyom
先用醬料醃過。

매운 맛／**辣味**
maeun mat
先用辣味醬料醃過。

살치살／**板腱肉**
salchisal
肩胛肉，筋多肉結實
有嚼勁。

부채살／**翼板肉**
buchaesal
牛肩肉之一，
肉質較為軟嫩。

등심／**牛里肌肉**
deungsim

갈비／**牛肋排**
galbi

꽃살／**霜降牛**
kkotssal

치마살／**內群肉**
chimasal
牛下腹肉。

업진살／**牛胸腹肉**
opjjinsal

차돌배기／**牛胸肉**
chadolbaegi
油花較為大片。

제비추리／**牛頸脊柳**
jebichuri

안창살／**牛橫膈膜肉**
anchangsal
又譯「安昌肉」，
牛肉專用字。

토시살／**厚膈膜肉**
tosisal

등골／**牛脊髓**
deunggol

燒烤店牛內臟類菜單

牛肥腸（소 곱창）

牛心（소 염통）

牛胃（양깃머리）

牛皺胃（소 막창）

牛大腸（소 대창）

$\frac{1}{2}$ 1. 2. 把烤腸和泡菜、醃洋蔥等
一起吃，可去油解膩

牛烤肉、烤腸通常有各別的專門店，但肝、肺等少部分內臟，可能兩類店家都有。牛腸以鹽烤原味為主，少數餐廳可能牛、豬腸都有提供，若擔心誤食自己不吃的類別，可用本書的相關單字再次和店家確認。

소창／**牛小腸**
sochang

소 곱창／**牛肥腸**
so gopchang

소 대창／**牛大腸**
so daechang

간／**肝**
gan

소 막창／**牛皺胃**
so makchang
又稱牛肚。

천엽／**牛瓣胃**
chonyop
又稱牛百葉、毛肚。

소 염통／**牛心**
so yomtong

벌집양／**牛網胃**
boljimn-yang
又稱金錢肚。

豬肉烤肉
돼지고기 구이

　　以往的農業社會，因為牛隻是重要的農耕助手，所以幾乎不會拿來食用，而現代的牛肉價位比豬肉高，所以韓國烤肉店較多是提供豬肉為主，其中最常見的三層肉，指的是瘦肉和油脂層疊交錯的厚肉片，看起來頗為油膩，但是油脂被烤乾後，吃起來卻是香脆適中。如果想要更爽口的感覺，可以選擇豬頸肉、海鷗肉，或是先醃漬、吃起來有甜味的豬肋排。生豬肉烤到半熟，用餐桌上的剪刀剪成小塊，之後再烤到全熟，通常韓國人會用各種生菜包著肉和小菜一起吃，會有更清爽健康的感覺。

🔍 什麼？烤海鷗肉（갈매기살）！

不用驚嚇！這不是真的海鷗肉啦！雖然「갈매기」是海鷗的意思，但這個字使用在豬肉部位，指的是豬內臟中的橫膈膜。「횡격막」（橫膈膜）又稱為「가로막」，簡化發音後被稱為「갈매기살」（海鷗肉）。豬橫膈膜肉吃起來鮮嫩香甜、沒有油膩感，並且膽固醇含量低，有豐富胺基酸、維他命 B1 與不飽和脂肪酸，對於消除疲勞、保護肝臟、預防貧血和動脈硬化有幫助。另外要提醒，「갈매기살」（海鷗肉）這個字專屬豬內臟使用，牛內臟的橫膈膜肉（P.31）有其他用字喔！

제주도흑돼지

濟州島黑毛豬

jejudo heuk-ttwaeji

濟州島是韓國第一大島，古代因交通不便，雖然島民多以捕魚為生，但每戶必會飼養在地的黑毛豬，作為肉類食物的重要來源。由於四面環海、空氣清新，濟州島擁有良好的畜牧環境，隨著養豬技術改良，並以優質農作物餵養黑毛豬，比起韓國其他地區的白豬，濟州島黑毛豬的肌肉含量更高，豬肉油花分布更均勻，且肉質鮮甜 Q 彈，是韓國知名的特產。

在濟州島的方言裡，黑毛豬肉稱為「큰 돼지 고기」（大塊豬肉），以有厚度大塊的方式分切，燒烤後才能品嘗到 Q 彈口感與肥美肉汁。此外，還要搭配濟州島特產鯷魚醬一起吃，更能牽引出黑毛豬肉的香甜風味。如果能走訪濟州島，記得要去濟州市區，聚集專門提供黑毛豬烤肉店家的「黑毛豬一條街」（흑돼지 거리），或是韓國本土的大城市，亦有機會找到主打濟州島新鮮直送黑毛豬肉的烤肉店。

🚩 **DATA**

地址 제주도 제주시 건입동（濟州島濟州市健入洞）

時間 各店家不同，大約中午到深夜

交通 從濟州機場出發，搭計程車約 15 分鐘，車費約 ₩ 5,500

【 豬肉部位說明圖 】

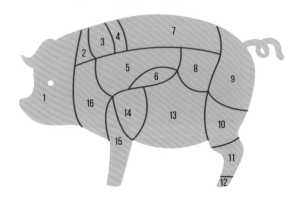

1
머릿고기／**豬頭肉**
morit-kkogi

包含豬頰肉（가브리살）、菊花肉（뽈살）、豬頭皮等部位，肉質軟嫩，久咬之後味道獨特。

2
항정살／**豬頸肉**
hangjong-sal

俗稱松阪豬肉，是豬脖子兩側的特殊部位，瘦肉較多但油花分布均勻，肉質細膩彈牙，適合燒烤，不適合久煮。

※ 豬頸肉占全豬比例很少，一隻豬身上只有六兩，因此又稱為「黃金六兩肉」。

3
목심／**肩胛肉（胛心肉）**
mokssim

俗稱梅花肉、培根的部分，油質含量高，側切面有如梅花般的油質分布，適合火鍋、燒烤。

4
등심덧살／**僧帽肌肉**
deungsim-dotssal

又稱皇帝肉（황제살），俗稱霜降豬肉、雪花里肌肉（꽃살），是位在肩胛肉與里肌肉之間的特殊部位，脂肪成乳白色，像花的形狀，烤過之後肉質比五花肉更軟，卻又比松阪肉有嚼勁，適合燒烤。

※「霜降」一詞實為油花分布如同雪花，所以在台灣也有人稱松阪豬為霜降豬肉，但依據韓文的相異，所在的豬肉部位與肉質口感也會不相同。

5
갈비／**排骨**
galbi

脂肪含量較少，吃起來有嚼勁，韓式燒烤通常會先以偏甜味的醬料醃漬，連著骨頭一起端上來。部分店家提供的下酒配菜，是僅有少量骨邊肉的肋排。

6
갈매기살／海鷗肉
galmaegi-sal

指的是豬橫膈膜肉，
可參閱 P.35 的介紹。

7
등심／大里肌肉
deungsim

豬的背脊肉，脂肪含量較少，不含骨頭，
口感較為清爽軟嫩。

8
안심／小里肌肉
ansim

俗稱的腰內肉，豬體內脂肪含量最少、
最嫩的地方，肉中無筋，所以又稱為「豬
肉中的菲力」。

9
뒷다리／後腿肉
dwit-ttari

俗稱的腿庫、後蹄膀、火腿，因肉質結
實、肌肉纖維較粗，適合燉煮。

10
뒷사태／後豬腱
dwit-ssatae

俗稱大腱、後腿腱，即豬後大腿上的肌
肉，因形似老鼠，又稱為「老鼠肉」，
幾乎無油脂，肉質軟嫩不乾柴，適合紅
燒、滷肉等燉煮，每隻豬只能取出 2 塊。

11
족발／豬腳
jokppal

腿肉富含膠質，與台灣燉煮的濕式豬腳
不同，韓國多為乾式豬腳並切成薄片，
豬皮口感 Q 彈。或是釜山地區的特有吃
法，以海蜇皮、各種蔬菜和芥末醬汁製
作成涼拌豬腳。

12
아강발／豬蹄花
agangbal

即豬腳上帶有軟骨與尖骨頭的部位，富
含膠質，豬肉含量少，適合喜歡吃豬腳
軟骨的人。

13
삼겹살／三層肉
samgyop-ssal

俗稱五花肉，豬的腹脅肉，油質分布層層分明，適合作為燒烤食材，或是汆燙後切片沾醬，用生菜包起來吃。

14
앞사태／前豬腱
apssatae

因豬前腿的腱肉比較小塊，所以俗稱小腱、前腿腱。豬前大腿上的肌肉較無油脂、帶軟筋，適合長時間燉煮，如：紅燒、滷肉，每隻豬只能取出 2 塊。

15
앞다리／前腿肉
apttari

一般作為台式萬巒豬腳與德國豬腳使用的部位。

16
전지／翅仔肉
jonji

日本稱為「肩肉」，是位在豬前腿與肩頰之間的特殊部位，口感與肉質接近松阪豬肉，同樣適合燒烤。

※ 因位置鄰近豬頸，並且口感與紋理相仿，也有人把此部位併入松阪豬，但依據韓文的不同，所在部位也會不相同。

【 豬內臟部位說明 】

1
곱창／肥腸
gopchang

指豬的小腸（소창、sochang），脂肪含量低，口感相對清爽一些，如果是不分部位的烤腸店，通常是使用小腸。

2
대창／大腸
daechang

韓國烤腸店常見的豬腸，脂肪含量屬於中等，稍微烤乾一些，可以降低油膩感。

3
막창／大腸頭
makchang

豬的直腸、肥腸，脂肪含量多，口感較為油膩。

※ 這個字如果使用在牛隻，是指牛的第四個胃，可參閱 P.29 的介紹。

4
돼지 껍데기／豬皮
dwaeji kkopttegi

燒烤店豬肉類菜單

1	2	5
3	4	

1.三層肉（삼겹살）2.左：豬頸肉（항정살）、右：排骨肉（갈비살）、後：海鷗肉（갈매기살）3.左：肩胛肉（목심）、右：三層肉（삼겹살）4.肩胛三層肉（목심 삼겹살）5.豬皮（돼지 껍데기），通常會沾黃豆粉來吃

部分燒烤店豬、牛肉都有，若擔心誤食自己不吃的，建議點餐前再次確認。

돼지고기／豬肉
dwaeji-gogi

양념／調味
yangnyom
先用醬料醃過。

매운 맛／辣味
maeun mat
先用辣味醬料醃過。

삼겹살／三層肉
samgyop-ssal

돼지갈비／豬排骨
dwaeji-galbi

갈매기살／海鷗肉
galmaegi-sal
豬的橫膈膜肉。

등심／大里肌肉
deungsim

안심／小里肌肉
ansim

항정살／豬頸肉
hangjong-sal

목심／肩胛肉
mokssim

황제살／皇帝肉
hwangje-sal
俗稱霜降（꽃살）。

가브리살／豬頰肉
gabeuri-sal

대패 삼겹살／薄片三層肉
daepae samgyop-ssal

닭발／雞腳
dakppal
部分燒烤店會有。

燒烤店豬內臟、肋排菜單

1	2	3
4	5	7
	6	8

1.2.3. 各地烤腸樣式不同，在桌上的烤盤烤，廚房烤好再端出來，或是加起司、調味醬等不同口味 4.5.6. 烤腸的吃法多樣，可以直接單吃，沾醬料、配泡菜或醃洋蔥來吃，或是也能用生菜包起來吃 7. 雞心（닭 염통）（右）常會在烤豬腸的店裡出現 8. 肥腸（곱창），豬的小腸

專門提供烤豬腸、豬肋排的店家，多是以續攤喝酒為主，可能沒有肉品或是種類很少。獨立小店以鹽烤原味、調味辣味、鹽烤加起司為主，近來有連鎖烤腸「연막술」（炭末酒），店內有多種口味的烤腸可選擇，本書將相關菜單放在豬內臟類（下頁最後 6 種），提供大家參考。

1. 大腸頭（막창） 2. 專門提供烤豬肋排的店家，通常是續攤喝酒的地方

곱창／肥腸
gopchang
指豬的小腸（소창、sochang）。

대창／大腸
daechang

막창／大腸頭
makchang

소금／鹽烤（原味）
sogeum

양념／調味
yangnyom

매운 맛／辣味
maeun mat

돼지 껍데기／豬皮
dwaeji kkopttegi

삼겹살／三層肉
samgyop-ssal
部分烤腸店有提供。

닭 염통／雞心
dak yomtong
有時候會跟豬內臟燒烤一起出現。

닭똥집／雞胗
dak-ttongjip
少數燒烤店會有。

파／蔥
pa

치즈／起司
chijeu

炭末酒

소금 막곱창／鹽味烤腸
sogeum mak-kkopchang

갈릭 BBQ 막곱창／蒜味 BBQ 烤腸
galrik BBQ mak-kkopchang

데리 막곱창／日式柴魚烤腸
deri mak-kkopchang

갈비 막곱창／排骨烤腸
galbi mak-kkopchang
有甜味。

양념 막곱창／調味烤腸
yangnyom mak-kkopchang
甜辣口味。

불 막곱창／火烤腸
bul mak-kkopchang
辣味。

燒烤店的配餐和飲料

吃燒烤類最常見的搭配
酒類：燒酒、啤酒（可
參閱 P.167）

　　對主食是米飯、麵食的韓國人來說，這些通常不會一開始就跟著燒烤一起吃，而是先吃烤肉、烤腸，吃到一半或快要吃完的時候，才習慣在最後加點炒飯，或是有大醬（韓式味噌）湯鍋＋米飯、煮泡麵、水冷麵、辣拌冷麵……等選擇，多數人還是一定要吃到飯或麵，才有真正吃飽的感覺。

燒烤店配餐類菜單

<table>
<tr><td>1</td><td></td><td rowspan="2">3</td></tr>
<tr><td>2</td><td></td></tr>
<tr><td>4</td><td>5</td><td>6</td></tr>
</table>

1.2. 韓國人吃燒烤，最常見的加點——炒飯（볶음밥）3. 有些店家提供要自己動手做的小飯糰 （주먹밥）4.5.6. 韓國各類餐廳都很常見的配餐：蒸蛋（계란찜）、煮泡麵（라면）、大醬湯鍋（된장찌개）

<table>
<tr><td>1</td><td>2</td><td>3</td></tr>
<tr><td>4</td><td>5</td><td>6</td></tr>
</table>

1. 韓國燒烤店的餐後米飯，常會和大醬（韓式味噌）湯鍋搭配一起點 2. 辣拌冷麵（비빔냉면）3. 水冷麵（물냉면）4. 除了包肉來吃的生菜，有些燒烤店也有菇類 5. 部分燒烤店可加點起司（치즈）一起吃 6. 少數吃到飽的店家，會有自助式煎蛋

공기밥／米飯
gonggi-bap

볶음밥／炒飯
bokkeum-bap

치즈／起司
chijeu

물냉면／水冷麵
mul-raengmyon
可參閱 P.149 介紹。

비빔냉면／辣拌冷麵
bibim-naengmyon
可參閱 P.149 介紹。

계란찜／蒸蛋
gyeran-jjim

된장찌개／大醬鍋
dwenjang-jjigae
可參閱 P.98 介紹，燒烤店
餐後加點，有時會附米飯。

라면／拉麵
ramyon
煮的泡麵，可參閱 P.140。

버섯 구이／烤菇類
bosot gui

참치 주먹밥／
鮪魚小飯糰
chamchi jumokppap

스팸 주먹밥／
午餐肉小飯糰
seupaem jumokppap

날치알 주먹밥／
魚卵小飯糰
nalchial jumokppap

생맥주／生啤酒
saeng-maekjju

맥주／啤酒
maekjju

소주／燒酒
soju

콜라／可樂
kolra

사이다／汽水
saida

주스／果汁
juseu

吃炸雞要配啤酒啊

　　韓戰（西元 1950～1953 年）前後開始，各種生活物資都價高量少，其中牛、豬的飼養期很長，價格更是昂貴，但雞的成長所需時間短，飼養方式也簡單，相對來說成本較便宜，人民對雞肉的食用量逐漸提高，因此出現一些在當時來說，是以往所沒看過的新式雞肉料理，如：一隻雞、辣炒雞排、雞肉刀切麵等。現在大家喜愛的韓式炸雞，最初就是韓戰後的 1970 年代從美國引進，後又逐漸演變成獨有的韓式口味，是韓國人生活中不可缺少的休閒、外賣美食。近年經由影視戲劇的置入曝光，很多外國人到韓國都指定要吃韓式炸雞，特別是搭配啤酒一起的「雞啤」，討論度更是大為提升。

參考價位：
炸雞每盒／份約 W 18,000 起，部分店家的醃蘿蔔泡菜需另購，每盒約 W 500。部分店家外送或距離較遠需加外送費，約 W 1,000～2,000。

炸雞一份幾人吃呢？

一般來說，炸雞每份（盒）約 2～3 人吃，有內用、外帶或外送可選擇。雖然內用吃不完可以打包外帶，但還是不建議一次點過量，畢竟吃太多容易膩口，而且現點現炸的才最好吃啊！

什麼是點「半半」（반반）？

「半半」是指兩種不同的口味各半。點炸雞的「半半」，以原味、醬油、辣味、醬料調味……等基礎口味為主，其他特殊醬料口味，通常都要點完整的一份，部分店家規定不同，也可試著詢問看看。此外，「半半」非專屬於炸雞點餐，有時候也可以應用於其他類別店家點餐或購物。

最佳綠葉——醃蘿蔔（치킨무）

韓國的炸雞專門店，無論是內用、外帶或外送，幾乎百分之百會出現的小菜，就是隨餐附送的小塊酸味醃蘿蔔，因為大多是跟隨炸雞登場，所以韓文「치킨무」的意思是「炸雞蘿蔔」。口味完全不會辣，可以去油解膩。通常是免費提供，內用可以吃完再加，部分小店可自選約 ₩ 500 加購。通常外帶、外送會拿到盒裝有湯汁的醃蘿蔔，可以泡著湯汁一起吃。但如果想把湯汁倒掉，記得不要一次把封膜包裝全部打開，建議先撕開一個小口，這樣倒湯汁的時候，蘿蔔才不會掉出來。

⊙ 等一份炸雞的時間

雖然還是有主打快速上餐,而事先提早炸好的回鍋炸雞店家,但為了有好吃的美味,大多數的韓國炸雞專賣店,是採現點現做的方式。在相對來說不是太忙碌的時段,從內用、外帶點好餐後,需要稍等約 15 ~ 20 分鐘。而外送的等候時間,視店家的接單量,大概至少需要約 30 分鐘,但是在特殊節假日,或是有重要國際體育賽事轉播時,炸雞店的生意通常都會特別好,要等約 1 ~ 2 小時,或甚至直接不收外送單的情況都有。

⊙ 小份量沒負擔──杯、碗裝炸雞

通常連鎖或傳統市場的炸雞店,基本每盒炸雞是一整隻的份量,如果只有一個人,或是食量比較小,在鬧區和夜市也會有販售杯裝、碗裝小份量的炸雞店家,多半是無骨的調味炸雞＋炸年糕,想吃炸雞也能輕鬆沒負擔。

⊙ 有時比主角還好吃──炸年糕（떡 튀김）

部分的炸雞店會隨炸雞附送年糕。這種年糕通常都會先油炸過,再以調味炸雞的醬料拌均勻,表面酥脆微焦,吃起來有嚼勁,與小吃攤的辣炒年糕,或韓式湯鍋裡的年糕片,都是完全不同的口感,有時候甚至比主角炸雞還好吃呢!

炸雞外送好方便

　　大多數的韓國炸雞店，都會有外送的服務，可以請住處的櫃台協助叫外賣，通常一份即可外送，並且會加贈飲料，基本要等至少約 30 分鐘。但部分特殊日子外送單會很滿，例如：有特殊節慶或重要國際體育比賽，較難估算送達的所需時間，這時候記得要提早預訂，或是直接內用、外帶更快速。

　　對韓國人來說，重要的國際體育比賽有：韓國國家隊參與的棒球、籃球、足球等，過程長達幾小時的球賽。通常這種時候，很多韓國人會和家人朋友守在電視前看轉播，常會想要點炸雞來吃，因此炸雞店生意都特別好。

1	
2	3

1. 盒裝炸雞，若是點「半半」兩種口味，會在盒內用紙板或錫箔紙隔開，避免味道混雜
2. 點完整兩份不同口味的炸雞，通常都是個別用紙盒分裝
3. 碗裝炸雞的店家，通常會有紙杯、大小碗等不同容量可選擇

⊙ 請人幫忙叫外送

　　很多人到韓國都要體驗「叫外送」美食，其中最熱門的
選項，莫過於炸雞和炸醬麵。對於完全不會韓文的人來說，
請住處服務人員幫忙，是相對最快、最便利的方式，櫃台人員大多
也會樂意協助。多數選項基本點一盒／份即可外送，但炸醬麵的單價較低，
通常要點兩碗以上，或是加糖醋肉、其他餐點等的套餐。近年部分店家會
加收外送費，通常每趟約 ₩ 1,000 ～ 2,000。（叫外送實用會話可參閱 P.66）

　　以炸雞外送來說，除了醬料和醃蘿蔔泡菜，還會贈送可樂或汽水一瓶／罐，
容量視點餐份數多少，也有可能是給寶特瓶裝大瓶的。若是要點生啤酒，為
了包裝方便，不能像內用以每杯 500CC 為單位，而是至少要點 1,000CC 以
上的寶特瓶裝。外送餐點如果是用可重複使用的碗盤，吃完後稍微沖一下，
放置於住處大門外，店家會再回來收，一次性的包裝餐具，直接丟棄即可。

1	
2	3 / 4
5	6 / 7

1. 韓國的旅館民宿，大多會有周邊商家的外送菜單 2. 炸雞（P.45）外送
外帶，通常還會贈送一瓶汽水 3. 外送或外帶生啤酒，為了便於包裝，基
本都要點 1,000CC 以上的寶特瓶裝 4. 豬腳（P.76）、菜包肉 5. 安東燉雞
（P.82）6. 中華料理（P.181）7. 辣炒年糕（P.240）、血腸（P.160、P.240）

【 雞肉部位說明圖 】

4
넓적다리／腿排
nopjjok-ttari

炸雞店少有單獨販售。

5
통다리정육／雞腿排
tongdari-jongyuk

雞腿排＋連接身體的雞腿肉，類似台灣炸雞腿便當的大雞腿，韓國炸雞店少有整隻販售。

6
통다리／雞腿
tongdari

韓國炸雞店提供的雞腿，不含連接身體的部分。

7
닭 엉덩이／雞屁股
dak ongdongi

一般來說韓國人不吃，炸雞店也不會有賣。

한 마리／一隻
han mari

包含各部位的一整隻雞。

닭 목／雞脖子
dak mok

韓國料理店很少單售這個部位。

닭발／雞爪
dakppal

炸雞店比較少見，通常用做其他料理的食材。

닭 염통／雞心
dak yomtong

炸雞店比較少見，在有些烤肉、烤腸店會有。

닭똥집／雞胗
dak-ttongjip

新式連鎖炸雞店比較少見，通常在傳統市場的炸雞店才有。

1
닭 가슴살／雞胸肉
dak kkaseumsal

炸雞店少有單獨販售，多用於其他料理。

2
날개、윙／雞翅
nalgae、wing

雞的翅膀，包含前端翅尖的部分。

3
닭봉／小雞腿
dakppong

俗稱棒棒腿，其實是雞翅上端連接身體的部分。

「닭」雞 vs「치킨」雞

닭／雞
dak

韓文裡原本的「雞」，會用在指活雞，或是韓式餐廳的雞肉料理。

치킨／雞
chikin

外來語音譯的「chicken」，在飲食方面，幾乎等於專指炸雞的意思。

新式連鎖炸雞店

　　韓國的連鎖炸雞店，如：「橋村」、「bhc」、「BBQ」、「NENE」等，就算還沒去過韓國，也許都會聽過它們響噹噹的名聲。雖然價位比傳統市場炸雞略高一些，但可選擇特定的雞肉部位。此外，除了基本款的原味、醬油、辣味、醬料調味等，還會有其他特殊口味，例如：橋村的蜂蜜炸雞、米炸雞，或是其他家的蒜味、青蔥、起司等，部分還會加入炸到微焦，即使不沾醬汁也非常好吃有口感的條狀年糕，或是有炸薯條、生菜沙拉等西式配餐可選擇喔！

橋村炸雞

gyochon chikin

$\frac{1}{2}$ | 3

1. 蜂蜜炸雞（허니 치킨）2. 右：醬油半（간장 반）、左：辣紅半（레드 반）
3. 米炸雞（살살 치킨），無骨雞柳條＋米粒，會附送照燒、蜂蜜芥末、辣味等三種沾醬

　　早年沒有固定的漢字名稱，因此華語圈多稱之為「橋村」。雖然後來到海外開設分店，使用的譯名為「校村」，但「橋村」已紅遍各國的遊客圈。

　　橋村炸雞的名稱「교촌」，原來對應的漢字是「校村」，意思是「有鄉校的鄉村」。朝鮮時代的國立地方學校稱為鄉校，是探索知識與學習的地方，取意在韓國各地探索美味，於 1991 年在韓國大邱市創業。橋村炸雞的 4 大特色＆精選菜單：

1. 醬油裡加入新鮮的大蒜做調味

2. 知名的青陽辣椒榨汁融入醬料

3. 甜味蜂蜜是採用上等的槐花蜜

4. 米粒選擇吸收大地精華的大米

橋村炸雞精選菜單

橋村炸雞各連鎖店的菜單為韓、中、英、日多語並列，並有圖片可參考。

간장／醬油
ganjang
炸雞炸好之後，
再加上特製的醬汁。

레드／紅（辣味）
redeu

매운 맛／辣味
maeun mat
加入青陽辣椒（P.19）的
特製辣味。

후라이드／炸
huraideu
原味炸雞，但橋村有名的
是醬油口味。

반반／半半
banban
除了米炸雞，
各款口味都可選。

순살／無骨
sunsal
橋村各款炸雞
可選擇去骨的雞肉。

*오리지날、한 마리／
一隻雞
orijinal、han mari
一整隻雞的各部位。

스틱、다리／腿
seutik、dari

콤보／組合
kombo
雞腿＋雞翅的組合。

살살 치킨／米炸雞
salsal chikin
無骨雞柳條、有米粒。

허니／蜂蜜
honi
炸雞裏上香甜蜂蜜，
有各部位、無骨可選。

신화／辛火
sinhwa
辣味火烤。

※「오리지날」一般是指原味的意思，但是在橋村炸雞的菜單裡，是指一整隻雞。

BBQ 炸雞
BBQ chikin

BBQ= Best of the Best Quality，涵義為只使用最好的食材，為顧客著想兼具健康。品牌的理念是，鑽研顧客的心與口味，只為創造更美好的幸福，因此製作炸雞使用的油品，只採用被稱為上帝禮物的 100% 特級初榨橄欖油。BBQ 炸雞的主要特色＆精選菜單：

황금올리브 치킨／黃金橄欖炸雞 hwanggeum-olribeu chikin

크리스피／脆皮 keuriseupi

레드착착／紅調味辣粉 redeu-chakchak

찐킹소스／辣味醬 jjinking-soseu

1 ｜ 2 ／ 3　1. 左：辣味醬半（찐킹소스 반）、右：黃金橄欖半（황금올리브 반）2. 雙重起司炸雞（치즐링）3. 蒜味醬油炸雞（소이갈릭스 치킨）

BBQ 炸雞精選菜單

다리／腿
dari

속안심／雞柳條
sogansim

순살／無骨
sunsal

콤보／組合
kombo
雞腿＋雞翅的組合。

후라이드／油炸
huraideu
在各家炸雞店，
通常都是指原味。

마라／麻辣
mara

양념／調味
yangnyom
炸雞炸好後，
再裹上醬料調味。

매운 맛／辣味
maeun mat

바삭칸치킨／
酥脆炸雞
basakkan-chikin

블랙페퍼／黑胡椒
beulraek-pepo

치즐링／
雙重起司炸雞
chijeulring

소이갈릭스 치킨／
蒜味醬油炸雞
soi-galriksseu chikin

스모크 치킨／
煙燻烤雞
seumokeu chikin

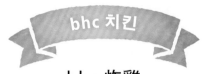

bhc 炸雞

bhc chikin

bhc= Better & Happier & Choice，主打一心只望向顧客，只使用最純淨的「向日葵」油。向日葵在希臘的傳說中，因水澤女神柯萊蒂一心只望向太陽神阿波羅，所以眾神憐憫而將她變成了向日葵，讓她可以日夜專注地望向她的愛，因此取其寓意，用向日葵油代表 bhc 崇拜著顧客，一心只專注於顧客，為顧客帶來最純淨美味的炸雞。bhc 炸雞的 4 大推薦＆精選菜單：

뿌링클／脆皮起司 ppuringkeul：薄脆皮炸雞＋起司優格沾醬。

맛초킹／香辣 King machoking：開胃下飯的秘製香辣醬料。

후라이드／油炸 huraideu：招牌口味脆皮炸雞。

마라칸／麻辣雞 marakan：口味香甜麻辣，像是中華料理的醬料。

1	2
3	4

1.2. 脆皮起司（뿌링클）炸雞 3. 金黃 King（골드킹）蒜味炸雞
4. 香辣 King（맛초킹）炸雞

bhc 炸雞精選菜單

콤보／組合
kombo
雞腿＋雞翅的組合。

스틱、다리／腿
seutik、dari

순살／無骨
sunsal

윙／雞翅
wing

봉／棒棒腿
bong

골드킹／金黃 King
goldeuking
以添加大蒜來製作的
熟成醬油調味。

레드킹／紅色 King
redeuking
辣味炸雞。

맵스터／更辣味
maepsseuto
比紅色 King 更辣味。

블랙 올리브／黑橄欖
beulraek olribeu

치하오／吃好
chihao
四川風的辣味。

커리퀸／咖哩 Queen
korikwin
印度風味咖哩。

치즈볼／起司球
chijeubol

핫도그／小熱狗
hatttogeu

NENE 炸雞

nene chikin

　　1995 年從肉類加工廠開始，直到 1999 年才正式創立的 NENE 炸雞，如今已成為韓國代表的炸雞品牌。在韓文裡「NENE」（네네）的意思，就是 YES YES！問你想不想吃炸雞，就是回答「NENE」！這不只是廣告台詞，也是代表「NENE」的品牌文化：「感受快速、思維快速、喜歡快速、行動快速」，此外，除了常見的半半，還有三種口味各半份的選擇，可以一次吃到更多不同味道。NENE 炸雞的主要特色 & 精選菜單：

스노윙치즈 치킨／初雪起司炸雞 seunowing-chijeu chikin：
偏甜味，也可以點只有起司（치즈만）的。

핫블링 치킨／香辣炸雞 hat-ppeulring chikin：超辣，比一般辣味還辣。

크리미언 치킨／奶油優格炸雞 keurimion chikin

$\dfrac{2}{3}$ 1. 調味半（양념 반）、原味油炸半（후라이드 반）的炸雞組合 2. 有醬料的炸雞，底層會墊錫箔紙，避免汁液滲透紙盒 3. 韓國的連鎖炸雞店，多會請明星藝人來代言

圖 ©Windko。臺灣／韓國／旅遊美食生活

NENE 炸雞精選菜單

1 | 2 / 3 1. 調味半（양념 반）、起司半（치즈 반）的炸雞組合 2.3. 炸雞外送、外帶時，通常會附上免洗筷，或是一次用手套指套，方便用餐

다리／腿
dari

날개／雞翅
nalgae

윙봉／翅膀＋棒棒腿
wingbong

후라이드／油炸
huraideu

양념／調味
yangnyom

치즈／起司
chijeu

오리엔탈 파닭／
東方的蔥雞
oriental padak

쇼킹핫양념／
顫慄辣醬
syokinghann-yangnyom
辣到會流眼淚的辣。

매콤 치즈／辣味起司
maekom chijeu

후닭／蒜香雞
hudak
添加大蒜的特製醬料。

골드링 양파닭／
金戒指洋蔥雞
goldeuring yangpadak
以金戒指比喻炸洋蔥。

소이갈릭／醬蒜雞
soigalrik
醬油醬料。

윙봉후닭／
蒜香雞翅＋棒棒腿
wingbong-hudak

마늘 치킨／蒜片炸雞
maneul chikin

핫후닭／蒜辣雞
hatudak

구운 치킨／烤雞
guun chikin

구운양념 치킨／
調味烤雞
guunn-yangnyom chikin

구운쇼킹핫 치킨／
辣味烤雞
guun-syokinghat chikin

圖 © 大口老師的走跳學堂

傳統市場的古早味

　　店前的攤位上，擺放著數隻炸全雞，第一次看到這樣景象的外國人，可能會有點震撼，但這就是韓國傳統市場炸雞店的直白魅力。也許沒有太舒適新穎的用餐環境，碗盤餐具可能還很復古，餐點不見得會有多精緻，豪邁的炸全雞可能就直接被端上桌，但設置在店頭的油鍋爐，總會讓人有更親切的感覺。這裡也許還有新式炸雞店看不到的選項，像是超有嚼勁口感的下酒好菜炸雞胗，幾乎只能在傳統市場裡的炸雞店才找得到。或是其他雞肉類的餐點，如：燉雞、烤雞、雞粥……，也有機會在這裡吃到喔！

🔍 冰啤的下酒良伴——炸雞胗（똥집 튀김）

韓戰後牛、豬肉較貴，因此出現許多低成本的雞肉料理，如：辣炒雞排、一隻雞（湯）、雞肉刀切麵等，加上從美國引進的西式炸雞，使得韓國的雞肉使用量激增，但韓國人幾乎都不吃雞的內臟，常常以直接丟棄來處理。

位於韓國東南部的大邱市，無論是古代的水路，或是現代的陸路，都是朝鮮半島的重要交通轉運中心。從平和市場裡賣炸雞的店家開始，利用原本要被丟掉的雞胗來製作下酒菜，提供給許多南來北往聚集在大邱的過路人，以便宜實惠的價格，享受吃炸物的滿足感。雞胗最早是以裹粉油炸處理，後來也有不裹粉的料理方式，或是以醬油、大蒜、辣椒等調味。扎實有嚼勁的口感，非常適合作為冰啤酒的配菜，但新式連鎖炸雞店幾乎都沒有，要記得往傳統市場裡找找！

炸大章魚雞胗（문어 똥집）配生啤酒（생맥주）

大邱平和市場
daegu pyonghwa-sijang

🚩 **DATA**

地址 대구시 동구 평화시장（大邱市東區平和市場）

時間 各炸雞胗店家不同，約中午左右至深夜

交通 在平和市場的馬路邊，找炸雞胗街「雞」圖案標誌往巷內走

　　　1. 從東城路商圈搭急行 1 號公車，車程約 12 分鐘、車費 ₩ 1,800 ／每人

　　　2. 從東城路商圈搭計程車，車程約 15 分鐘、車費約 ₩ 5,000

傳統市場炸雞店菜單

1.2. 炸雞胗（똥집 튀김）3. 炸雞原味半（후라이드 반）、調味半（양념 반）4. 蒜味半（마늘 반）、咖哩半（카레 반）炸雞

以下是傳統市場炸雞店的常見菜單內容，部分新式連鎖炸雞店亦可使用，其他點餐實用單字，如：雞肉部位、有骨無骨、辣味等級，可參閱 P.65。

옛날 통닭／
傳統炸全雞
yennal tongdak

후라이드 치킨／
原味炸雞
huraideu chikin

양념 치킨／調味炸雞
yangnyom chikin

간장 치킨／醬油炸雞
ganjang chikin

마늘 후라이드／
蒜味炸雞
maneul huraideu

칠리 치킨／辣味炸雞
chilri chikin

카레 치킨／咖哩炸雞
kare chikin

순살 치킨／無骨炸雞
sunsal chikin

소금 구이 치킨／
鹽味烤雞
sogeum gui chikin

허니버터 치킨／
蜂蜜奶油炸雞
honiboto chikin

반반 치킨／半半炸雞
banban chikin

똥집 튀김／炸雞胗
ttongjip twigim

치즈 불닭／
起司火烤雞
chijeu buldak

불고기 치킨／火烤雞
bulgogi chikin

닭 백숙／清燉雞
dak-ppaekssuk

찜닭／燉雞
jjimdak

닭죽／雞粥
dakjjuk

닭볶음탕／辣雞湯
dak-ppokkeum-tang

大邱平和市場
炸雞胗一條街菜單

1 | 2   1. 綜合炸雞胗（모듬 똥집）
            2. 炸大章魚雞胗（문어 똥집）

똥집 튀김／炸雞胗
ttongjip twigim

양념 똥집／
調味炸雞胗
yangnyom ttongjip

간장 똥집／
醬油炸雞胗
ganjang ttongjip

매운 양념 똥집／
辣調味炸雞胗
maeun yangnyom
ttongjip

볶음 똥집／
炒雞胗
bokkeum ttongjip

누드 똥집／裸炸雞胗
nudeu ttongjip
無麵衣直接炸。

간장 누드 똥집／
醬油裸炸雞胗
ganjang nudeu ttongjip

모듬 똥집／
綜合炸雞胗
modeum ttongjip

치즈맛／起司口味
chijeumat

문어 똥집／
炸大章魚雞胗
muno ttongjip

오징어 똥집／
炸魷魚雞胗
ojingo ttongjip

새우 똥집／
炸蝦雞胗
saeu ttongjip

치킨＋똥집 세트／
炸雞＋炸雞胗組合
chikin + ttongjip seteu

치킨＋모듬 똥집／
炸雞＋綜合炸雞胗
chikin + modeum ttongjip

치킨＋반반 똥집／
炸雞＋半半炸雞胗
chikin + banban ttongjip

口味樣式、飲料和配餐

1 | 2 | 3
4 | 5
1. 棒棒腿（닭봉）2. 雞腿（닭다리）3. 雞翅（날개 / 윙）4. 除了啤酒，韓國人也喝燒酒（P.170）來配炸雞 5. 啤酒（P.176）是炸雞店的熱門酒類，而口感清新的生啤酒更是受到歡迎（韓國餐廳的常見酒類，可參閱 P.167）

　　連鎖炸雞店的食材用料，大多是中央廚房處理好送到分店，因此可以調整的部分不會太多，但市場炸雞店通常是個人獨立經營，店家的自主性相對較高，若有特殊需求，例如調整醬料的口味辣度，或是雖然菜單上沒有寫「半半」，但建議可以試著問看看。吃炸雞的時候，很多人會搭配清涼的啤酒，其中最推薦的是生啤，但也有韓國人還是習慣喝燒酒。當然，不喝酒也沒關係，可樂、汽水、果汁等搭配吃，也是非常美味的喔！

炸雞的部位和辣度

한 마리／一隻
han mari

반 마리／半隻
ban mari

닭다리／雞腿
dakttari

뼈 있다／帶骨
ppyo ittta

순살／無骨
sunsal

닭봉／棒棒腿
dakppong

다리만／只有腿
dariman

날개만／只有翅膀
nalgaeman

날개、윙／雞翅
nalgae、wing

반반／半半
banban

닭발 볶음／炒雞腳
dakppal bokkeum

닭발 튀김／炸雞腳
dakppal twigim

순한 맛／幾乎不辣
sunhan mat

매운 맛／辣味
maeun mat

고추장／辣椒醬
gochujang

1 단계／1 階段
il dangye
小辣。

2 단계／2 階段
i dangye
中辣。

3 단계／3 階段
sam dangye
大辣。

炸雞店常見飲料和配餐

생맥주／生啤酒
saeng-maekjju

맥주／啤酒
maekjju

소주／燒酒
soju

콜라／可樂
kolra

사이다／汽水
saida

환타／芬達
hwanta
韓國有鳳梨（파인애플）
口味的芬達。

감자 튀김／炸薯條
gamja twigim

치즈스틱／炸起司條
chijeu-seutik

샐러드／沙拉
saelrodeu

떡 추가／追加年糕
ttok chuga

치즈 추가／追加起司
chijeu chuga

라면／拉麵
ramyon
煮的泡麵，通常傳統炸雞店
才可能有，可參閱 P.140。

공기밥／米飯
gonggi-bap
通常傳統炸雞店
才可能會有。

볶음밥／炒飯
bokkeum-bap
通常傳統炸雞店
才可能會有。

계란찜／蒸蛋
gyeran-jjim
通常傳統炸雞店
才可能會有。

叫外送實用會話

배달 좀 시켜 주실 수 있으세요 ?
請問可以幫我叫外送嗎 ?
baedal jom sikyo jusil su isseuseyo?

배달 음식 메뉴가 있나요 ?
請問有外送的菜單嗎 ?
baedal eumsik menyuga innayo?

이 근처에 혹시 _____ 있나요 ?
附近有（品牌）／（餐點）嗎 ?
i geunchoe hokssi _____ innayo?

어디서 배달 음식 기다려야 하죠 ?
我要在哪裡等外送 ?
odiso baedal eumsik gidaryoya hajyo?

배달 대략 얼마나 기다려야
하죠 ?
請問外送大概需要等多久 ?
baedal daeryak olmana gidaryoya
hajyo?

아마 _____ 분 정도 기다려야
하실 거예요 .
大約需要等 _____ 分鐘。
ama _____ bun jongdo gidaryoya
hasil goeyo.

배달 모두 얼마예요 ?
外送全部多少錢 ?
baedal modu olmaeyo?

카드 계산 되나요 ?
能夠信用卡結帳嗎 ?
kadeu gyesan dwenayo?

常見外送美食

炸雞、生啤酒 P.45、P.65	炸醬麵、糖醋肉 P.181	豬腳、菜包肉 P.76
辣炒年糕、血腸 P.240、P.160	安東燉雞 P.82	三大湯鍋 P.98

單一料理專門店

　　韓國有許多專門餐廳，只提供單一類別的料理，例如蔘雞湯店，無論使用紅蔘、土種人蔘、韓方補品等不同配料去燉煮，都還是圍繞在主角蔘雞湯做變化。又或是以牛骨、牛胸肉熬煮的雪濃湯店家，通常就是提供牛肉湯類的料理為主，如：牛骨湯、牛腩湯、辣牛肉湯等。總之除了少量配餐，主軸還是會圍繞在個別的雞或牛之上，這就是所謂的單一料理。這篇分別以牛、豬、雞、海鮮等主題，整理該類別的韓國美食，雖然前面介紹的燒烤類和炸雞很有名，但是接下來的篇章，更是吃韓國不可錯過的重要精華喔！

參考價位：
本類餐點包含範圍較大，基本價格也各異，建議每人每餐基本預算約
₩ 10,000 ～ 20,000 起。

菜單上在「火」什麼？

불／火
bul

有些韓文菜單上不使用「매운 맛」（辣味）這個詞，而是像韓國知名的「火雞」辣味泡麵，使用「불」（火）來表示辣味。這種通常不只普通辣，是會讓不太能吃辣的人，吃過之後變成香腸嘴的噴火大辣喔！（辣度相關會話可參閱 P.248、P.249）

餐點份量大中小

對於有分不同份量的餐點，有些餐廳的菜單上，會直接用漢字標示，各份量適用的人數如下：

소／**小** so：約 2～3 人份
중／**中** jung：約 3～4 人份
대／**大** dae：約 4～5 人份
특대／**特大** teukttae：約 5 人份以上

故鄉老家的媽媽味——白飯定食（백반）

韓國料理的重要構成元素是「飯＋菜」，以此為基礎，高檔或價格較高的套餐稱為「한정식」（韓定食），中等的是「정식」（定食），而平實家庭化的則是「백반」（白飯定食）。前二者的餐點內容豐富，除了主菜之外，還會有多樣、甚至十數道的其他菜餚和小菜。因為食物份量多，且例如烤魚是兩人一條，所以通常至少要兩人起才能供應，或是單人用餐需要加價。

「白飯定食」的菜色種類相對較少，韓文用字「백반」原指「白盤」，意思是：簡單搭配一碗白飯可以吃完的小菜份量。韓戰後失去丈夫兒子當作依靠的女性，必須出外工作維持家計，在沒有經驗和資本的情況下，最簡單可以立刻開始的工作，就是相對好入門的餐廳。不用特殊技能，只要供應自己的拿手菜即可，在這樣的小店裡，不見得有固定菜單，每天也可能出現不同小菜，對出外打拚的遊子來說，就像是故鄉媽媽做的家常料理。

如今的白飯定食大多會有一樣主菜，例如：類似蒜泥白肉吃法的「수육 백반」（白切肉定食）或「보쌈 백반」（菜包肉定食），海港城市常見的還有「생선 백반」（烤魚定食），除了主菜肉類和海鮮，還會有幾樣小菜、蔬菜和一碗湯，多為大醬湯（韓式味噌）或泡菜湯，這就是最貼近韓國人基本生活的用餐組合。

牛肉
소고기

　　從古至今，牛肉都是朝鮮半島上的高價食材，以前是農業社會，需要用牛來拉車耕作種田，是很重要的生財工具，因此平時不會隨意宰殺牛隻，一般平民百姓更是很少有機會可以吃到，所以古代的牛肉相關料理，大多與兩班貴族的養身補品有關。現代的牛肉依然相對高價，除了燒烤店的烤肉，以及部分補身湯品之外，一般市面上較少有以牛肉為主的料理，比較多的是其他食物裡加料牛肉片。此外，某些牛肉相關的料理，台灣人容易誤會是用豬肉豬骨製作，這裡也會一併告訴大家喔！

🔍 內陸地區的生食──生牛肉（소고기 육회）

「육회」對應的漢字是「肉膾」，早期泛指各種生食肉類，但隨著低溫保存設備的發展，以及人們對於病菌和寄生蟲會影響健康的疑慮提高，因此韓國的生食逐漸以牛肉和海鮮類為主。現在如果沒有特別說明，「육회」基本上就是指生牛肉，但依據不同的切法，也會有相異的名稱，或是也生吃其他部位：

생고기／生肉
saenggogi

切成片狀	切成條狀	其他部位
육사시미／肉沙西米 yukssasimi	**육회／生拌牛肉** yukwe	**등골／牛脊髓** deunggol
뭉티기／生牛肉片 mungtigi		**간·천엽／牛肝·牛肚** gan·chonyop

以往低溫設備不普遍的年代，特別是內陸地區的城市，肉類屠宰場大多設置在市場周邊，以即時提供新鮮肉品給消費者。韓國最早的肉類生食為涼拌的樣式，將新鮮的生牛肉切成條狀，以糖、鹽、醬油、大蒜做簡單調味，加入水梨絲、生蛋黃和芝麻油，最後再撒上白芝麻。開動之前要先攪拌均勻，沒有過多的添加物就很有嚼勁、鮮甜好吃。

韓國東南部的內陸城市──大邱，因為是重要的交通轉運中心，所以成為眾多人口聚集的大城市，發展出吃生牛肉的飲食文化。1950 年代之後，大邱地區的生牛肉吃法，是以韓牛（P.27）後腿內側肉和牛臀肉為主，切成拇指大小的片狀，可以直接單吃，或沾以芝麻油、大蒜和辣椒醬做成的調味料來吃，是很營養的補身料理，也是很好的高檔下酒菜。

1 | 2 | 3　1.辨別片狀生牛肉是否新鮮，可把盤子倒立，肉會黏住就是品質好 2.肉膾（육회），生牛肉切成條狀，加入芝麻油、水梨絲和生蛋黃，吃之前要攪拌均勻 3.肉沙西米（육사시미），生牛肉切成片狀，以大蒜、芝麻油和辣椒醬做成的沾醬來搭配

🔍 超級下飯的好味道 —— 辣蒸排骨（찜갈비）

　　牛骨是韓國餐飲界很重要的食材，舉凡：雪濃湯、排骨湯、牛骨湯等補身料理，都有使用到牛骨來熬煮，為口味清爽的白湯。1970 年代在大邱市的東仁洞，一對喜歡吃牛排骨的夫婦，從最早沾鹽吃，到嘗試先把牛排骨蒸熟，再加入辣椒粉和大蒜烹煮，後來開餐廳販售，雖然是口味辣呼呼的料理，但是醬料非常下飯，並且因為韓國有「以熱治熱」的飲食觀念，天氣越熱、越要吃補養身體的熱食，因此辣蒸排骨這道料理，反而在韓國均溫最高的大邱市受到歡迎。從最早使用牛肉、牛排骨，後來也發展成有豬肉、豬排骨的選擇。

東仁洞辣蒸排骨巷弄

dongindong jjimgalbi golmok

 DATA

地址 대구시 중구 동인동（大邱市中區東仁洞）

時間 各店家不同，大約是 10:00 ～ 22:00

交通 1. 大邱地鐵 133 七星市場站 3 號出口，步行約 10 分鐘

　　　 2. 大邱地鐵 131 中央路站周邊，步行約 20 分鐘，或搭計程車約 5 分鐘、車費約₩ 2,800

備註 大邱東仁洞的店家，以使用牛排骨為主

🔍 其實沒有年糕──年糕排骨（떡갈비）

　　「年糕排骨」起源自韓國西南部的光州市和全羅南道，是韓國的代表美食，以牛、豬肉混合製成四方或圓形的肉餅，將兩面烤熟或煎熟後食用。牛肉的重點在於味道，而豬肉則是借助油脂，使口感不會乾澀。為了不要浪費食材，會將牛、豬骨拿去熬湯搭配著一起吃，但是沒有年糕、沒有骨頭，為什麼稱為年糕排骨呢？

　　這道料理的外觀與漢堡肉相似，但受到材料和製作方法不同的影響，兩者味道和口感都相異；漢堡肉是鹹口味，吃起來較為軟散，但年糕排骨是帶甜味，並且口感有嚼勁，就像吃年糕那樣要多咬幾下，所以用「떡」（年糕）來形容口感。此外，無論是牛或豬，都是使用去骨的排骨肉來製作，因而稱為年糕排骨。

光州松汀年糕排骨巷弄
gwangju-songjong ttokkkalbi golmok

 DATA

地址 광주시 광산구 송정동（光州市光山區松汀洞）

時間 各店家不同，大約是 10:00 ～ 22:00

交通 光州地鐵 117 光州松汀站 1 號出口，步行約 5 分鐘

牛肉料理菜單

1 | 2　　1. 年糕排骨（떡갈비）
　　　　2. 牛肉火鍋（소고기 전골）

牛肉、牛腸部位的介紹和菜單，可參閱 P.29 ～ P.33，牛肉類補身湯品可參閱 P.94。

갈비탕／**排骨湯**
galbitang
使用牛骨牛肉製作。
（可參閱 P.94）

설렁탕／**雪濃湯**
solrongtang
使用牛肉牛骨製作。
（可參閱 P.94）

불고기 찌개／
烤肉湯鍋
bulgogi jjigae
牛肉片先煎烤，再加湯汁
煮成鍋物，通常味道偏甜。

찜갈비／**辣蒸排骨**
jjimgalbi
牛、豬肉都有可能，建議
先確認。（可參閱 P.71）

육사 시미／**肉沙西米**
sosasimi
將生牛肉切成片，上桌時
通常不添加其他調味料。

육회／**生拌牛肉**
yukwe
將生牛肉切成細條，拌入
水梨絲、生蛋黃和白芝麻。

육회 비빔밥／
生牛肉拌飯
yukwe bibimbap
拌飯放上生牛肉絲，再打上
生蛋黃，拌均勻後食用。

육회 주먹밥／
生牛肉小飯糰
yukwe jumokppap

소고기 라면／
牛肉煮泡麵
sogogi ramyon

한우탕／**韓牛湯**
hanutang

떡갈비／**年糕排骨**
ttokkkalbi
以牛＋豬排骨肉製作，
口味偏甜。（可參閱 P.72）

소곱창 전골／**牛腸鍋**
sogopchang jongol
使用牛小腸（肥腸），通常
韓國人是當成下酒菜。

소고기 전골／**牛肉火鍋**
sogogi jongol
將牛肉片放入高湯裡氽燙。

1 | 2
  | 3
4 | 5

1. 排骨湯（갈비탕）+ 餃子（물만두）2. 生牛肉拌飯（육회 비빔밥）
3. 生牛肉小飯糰（육회 주먹밥）4. 牛肉煮泡麵（소고기 라면）5. 韓牛湯（한우탕）

豬肉
돼지고기

　　豬肉是朝鮮半島常見的肉類料理食材,以往農業社會牛隻是重要的耕田勞動力,一般平民很少有機會能吃到牛肉,加上豬相較於牛更容易飼養,成本價格也相對較低,所以從烤肉開始,不只是餐廳,就連韓國人家裡也常有以豬肉來製作的家常菜。韓國的豬類料理以豬肉為主,除了燒烤店的烤腸之外,餐廳通常不太單獨提供其他內臟類,要在豬肉湯飯店或是有賣蒸血腸的攤位店家才會一起出現。

📍養顏美容的聖品 —— 豬腳（족발）

　　韓國吃「豬腳」起源於韓戰時期的首爾獎忠洞，當時物資缺乏，於是用豬肉替代牛肉，以調味料滷製後切成片或塊狀來吃。直到現代，不只是吃飽而已，大家注意到豬腳的營養，有豐富膠質和膠原蛋白，可以減緩身體老化，也含有鈣和鐵，有助生長發育和延緩骨質疏鬆，對於滋陰補血、養顏美容也有效果，並且能促進母乳分泌、改善婦女疾病。韓國豬腳的口味，除了不辣的五香原味，也有滷製或拌入其他醬料的辣味。其他城市也會有在地的不同吃法，例如釜山富平洞的多家豬腳專賣店，用芥末調味、搭配蔬菜海蜇皮的冷菜豬腳也是一絕。

1 | 2　　1. 原味豬腳（족발）
　　　　2. 冷菜豬腳（냉채 족발）

獎忠洞豬腳巷弄
jangchung-dong jokppal golmok

🚩 **DATA**

地址 서울시 중구 장충동（首爾市中區獎忠洞）

時間 各店家不同，大約從中午～翌日 02:00

交通 首爾地鐵 332 東大入口站 3 號出口，步行約 2 分鐘

1 | 2 | 3
4 | 5

1. 蒜味豬腳（마늘 족발）2.3. 豬腳可以單吃，也可使用生菜把肉和小菜包起來吃
4.5. 有些豬腳店也有水煮豬肉切片，稱為菜包肉（보쌈）

富平洞豬腳巷弄
bupyong-dong jokppal golmok

⚑ DATA

地址 부산시 중구 부평동（釜山市中區富平洞）

時間 各店家不同，大約中午～ 24:00

交通 釜山地鐵 110 札嘎其站 3 號出口，步行約 5 分鐘

🔍 蜂窩炭的古早味——
炭火烤肉（연탄 불고기）

炭火烤肉也稱「석쇠 불고기」（鐵網烤肉）。這裡的炭火，專指圓柱型、中間有洞的蜂窩狀練炭，曾是東亞地區主要的家用燃料，韓國是從韓戰後開始推廣使用，並於1988年左右達到高峰。日據光復之後的窮苦年代，一般人吃不起大塊烤肉，因此發展出將豬碎肉以微甜不會辣的醬料醃漬，用蜂窩炭來烤的下酒菜，後來也出現辣味、使用牛肉或搭配白飯生菜的定食，也常會與冷麵、烏龍麵一起吃。

1. 蜂窩炭（연탄） 2. 搭配烏龍麵（P.144）的炭火烤肉定食（연탄 불고기 정식）

1
2

🔍 約會不要吃——馬鈴薯豬骨湯（감자탕）

「馬鈴薯豬骨湯」是韓國的常見料理，據說以前窮苦年代吃不起豬肉，有人把切過、還帶有剩肉的豬背脊大骨拿來燉煮，用紫蘇葉、辣椒粉、大蒜等調味，加馬鈴薯是為了更有飽足感。這道料理最早是馬鈴薯多、豬骨比較少，所以實際上韓文稱為「감자탕」（馬鈴薯湯），但因為近代發展，生活物資富裕充足，且畜牧業飼養技術進步，才變成豬骨多、馬鈴薯較少。吃馬鈴薯豬骨湯最便利的方法，先把連著肉的豬骨撕開，用手拿起來啃骨頭上的肉，因為動作較為豪邁，所以很多女生會說，千萬別約會的時候來吃啊！

這道料理多人鍋、個人鍋的名稱不同：

감자탕／
馬鈴薯豬骨湯
gamjatang
至少兩人份起的大鍋。
上桌後要開火再煮一下
才能吃，可以加湯。
（實用會話 P.252）

뼈다귀해장국／
豬骨解酒湯
ppyodagwi-haejangguk
自己吃的單人鍋。
上桌後就直接可以吃，通
常不會再加湯。

豬肉料理菜單

1	2	3
4	5	6

1. 血腸湯飯（순대국밥）2. 蒸血腸（순대）、菜包肉（보쌈）3. 泡菜炒豬肉（제육볶음）4. 左下：泡菜燉豬肉（김치찜）、右上：豬肉泡菜鍋（김치찌개）5. 豬肉湯飯（돼지국밥）6. 豬骨解酒湯（뼈다귀해장국）

돼지국밥／豬肉湯飯
dwaeji-gukppap
韓國東南部釜山地區的知名料理。（可參閱 P.104）

찜갈비／辣蒸排骨
jjimgalbi
豬、牛肉都有可能，建議先確認。（可參閱 P.71）

족발／豬腳
jokppal
基本為五香原味。
（可參閱 P.76）

냉채 족발／冷菜豬腳
naengchae jokppal
以微辣芥末醬汁調味，搭配海蜇皮和小黃瓜。

불족발／火豬腳
buljokppal
將豬腳以辣味醬汁滷製。

마늘 족발／蒜味豬腳
maneul jokppal
原味五香豬腳淋上以大蒜製作的醬料。

순대／血腸
sundae
韓國知名的小吃類餐點。
（可參閱 P.160、P.240）

보쌈／菜包肉
bossam
用生菜包著水煮豬肉片、各種小菜一起吃。部分店家可豬腳、水煮豬肉片各半。

돈까스／炸豬排
donkkaseu
有些裡面會包起司或地瓜泥餡料。

감자탕／馬鈴薯豬骨湯
gamjatang
大、小鍋名稱不同。
（可參閱 P.78）

제육볶음／泡菜炒豬肉
jeyuk-ppokkeum

두루치기／辣炒豬肉
duruchigi
有時也會加泡菜一起拌炒。

김치찜／燉泡菜
gimchi-jjim
通常會加豬肉一起烹煮。

굴 보쌈／菜包肉＋蚵
gul bossam

연탄 불고기／炭火烤肉
yontan bulgogi

雞肉
닭고기

　　雞隻的飼養過程與成本，相較於牛、豬來說，都更為簡單和便宜，加上母雞還能下蛋，更是有經濟價值，因此自古以來，雞肉、雞蛋都是一般平民補充肉類蛋白質的重要來源之一。韓戰後生活窮困，以相對實惠的雞肉來取代牛、豬肉，於是出現新的雞肉料理，如：雞肉刀切麵、辣炒雞排等，不僅能讓人民吃到肉類，也可以補充養分體力。1970 年代從美國引進的炸雞（可參閱 P.45），除了增加不同的雞肉烹煮方式，也逐漸調整為符合韓國人的喜好口味，成為現代韓國的熱門美食。

圖左上 © 三小 a 的隨手拍寫

📍 韓式的一隻雞湯（닭한마리）

　　韓戰後經濟不景氣，人民生活辛苦，吃不起較昂貴的牛、豬肉，於是雞肉成為替代品，當時韓國出現很多與雞有關的料理，例如「一隻雞」的原型——「雞肉刀切麵」，就是那時候從首爾東大門市場開始出現的料理。韓國政府在戰後推動以麵食取代主食米飯，藉以降低稻米的需求量，所以把相對便宜的雞肉和麵一起煮來吃，後來才逐漸變成用大盆烹煮的全雞湯，這也是為什麼一般韓國餐後加點以炒飯為主，但「一隻雞」多是刀切麵的原因。

※「一隻雞」湯每隻為 2 人份，部分店家以整隻雞為
　單位出售，不單賣半隻雞，3 人用餐需點兩隻雞。

1	
2	3
	4

1.「一隻雞」（닭한마리）是用一整隻全雞來煮的大鍋雞湯 2.3. 吃「一隻雞」的時候，通常會加點麵條，或是馬鈴薯、條狀年糕 4.「一隻雞」湯基本的味道清爽，雞肉可沾醬料吃，湯底則是可加泡菜調味

🔍 把辣雞湯的汁收乾 —— 安東燉雞（안동 찜닭）

在「燉雞」出現之前，韓國有一道料理「辣雞湯」（닭볶음탕），之後從慶尚北道安東市的傳統市場開始，有客人要求店家在製作的時候，把湯汁收乾一些，所以延伸出燉雞這道料理。而因為最早是從安東市場開始的，所以通常又稱為「安東燉雞」。燉雞的主要材料，有帶骨雞肉、韓式冬粉、香菇、馬鈴薯、紅蘿蔔和各種蔬菜，加入糖、大蒜、洋蔥、生薑、辣椒、醬油和胡椒等調味料燉煮，除了主角雞肉，辣味微甜的湯汁也可以拌著白飯一起吃，是非常好下飯的開胃料理。

1 / 2　1. 有些人也喜歡在燉雞上加起司一起吃　2. 吸飽下飯湯汁的冬粉，也是安東燉雞的一大亮點

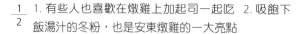

🔍 韓式鐵板料理 —— 春川辣炒雞排（춘천 닭갈비）

韓戰後的年代，牛、豬肉不僅價格很貴，也很難購買，位於韓國北部江原道春川市的周邊，當時是養雞場的聚集地，因此當地店家改以較便宜的雞肉，再加入紅蘿蔔、高麗菜，以及年糕、地瓜、馬鈴薯等容易有飽足感的食材，並用醬油、大蒜、生薑、大蔥、洋蔥、辣椒粉、辣椒醬等調味，在大鐵板上一起拌炒，價格低廉受到附近大學生的歡迎，因此又被稱為「大學生的排骨」、「平民的排骨」。

1 | 2 | 3　1. 辣炒雞排加起司，或是把泡麵、烏龍麵一起炒來吃 2. 可以單吃雞肉，或是用生菜包起來吃 3. 最後也可以加點炒飯

上半圖 2© 加小菲愛碎碎唸

雞肉料理菜單

1	2
3	4

1. 蔘雞湯（삼계탕）2. 藥燉人蔘雞（닭 약백숙）3. 炸雞（치킨）

4. 辣雞湯（닭볶음탕）

닭한마리／一隻雞
dalkanmari

닭반마리／半隻雞
dak-ppanmari

한마리반／一隻半
hanmari-ban

닭칼국수／
雞肉刀切麵
dak-kalgukssu

닭곰탕／清燉雞湯
dak-kkomtang

닭백숙／清燉雞
dak-ppaekssuk
湯汁量少濃稠。

닭죽／雞粥
dakjjuk

닭볶음탕／辣雞湯
dak-ppokkeum-tang

닭갈비／辣炒雞排
dakkkalbi

안동 찜닭／安東燉雞
andong jjimdak

삼계탕／蔘雞湯
samgyetang
韓國三大補身名湯之一。
（可參閱 P.94）

닭 약백숙／
藥燉人蔘雞
dak yakppaekssuk
湯汁量少濃稠。

치킨／炸雞
chikin
熱門外送美食。
（可參閱 P.45）

辣炒雞排、安東燉雞菜單

1│2
3│4
1. 安東燉雞（안동 찜닭）2. 魷魚安東燉雞（오징어 안동 찜닭）3.4. 辣炒雞排（닭갈비），可以加點起司一起吃

收錄知名連鎖店家「劉（柳）家」（유가네）辣炒雞排、「安東燉雞」(店名)的菜單，其他同類店家亦可應用。部分新式燉雞店家，可以加點其他麵類和炸物一起吃。

劉（柳）家

닭갈비／辣炒雞排
dakkkalbi

낙지 닭갈비／
章魚辣炒雞排
nakjji dakkkalbi

파 닭갈비／
蔥絲辣炒雞排
pa dakkkalbi

쭈꾸미 닭갈비／
小章魚辣炒雞排
jjukkumi dakkkalbi

오징어 닭갈비／
魷魚辣炒雞排
ojingo dakkkalbi

해물 닭갈비／
海鮮辣炒雞排
haemul dakkkalbi

떡 추가／年糕追加
ttok chuga

치즈 추가／起司追加
chijeu chuga

볶음밥／炒飯
bokkeumbap

라면 볶음／炒泡麵
ramyon bokkeum

우동 볶음／炒烏龍麵
udong bokkeum

튀김 만두／炸餃子
twigim mandu

安東燉雞

안동 찜닭／安東燉雞
andong jjimdak
部分店家可調整辣度。
（可參閱 P.248、P.249）

뼈／有骨
ppyo
燉雞有些店家可選。

순살／無骨
sunsal
燉雞有些店家可選。

공기밥／白飯
gonggibap

圖 2◎ 加小菲愛碎碎唸

海鮮
해산물

　　韓國因為地理位置三面環海，水產資源相對豐富，海鮮種類和產量充足，沿海靠近港口的地區，會形成知名的海鮮水產市場，例如：釜山的札嘎其，就是全韓國最大的海鮮市場；六百多年來的首都首爾，也有各地海產聚集的鷺梁津市場，有著新鮮豐富的多樣美味料理。內陸不靠海的地區，古代交通移動和低溫設備不便，因此也會發展出在地特有的海鮮料理方法，例如：以醃漬、鹽烤或乾煎，來延長海鮮的保存期限。（水產市場的相關食材、料理可參閱 P.111）

🔍 白飯小偷——生醃醬蟹（간장게장）

醬蟹（게장）是朝鮮半島的傳統小菜，古代的低溫設備，不足以將海鮮保存較長的時間，因此會把螃蟹醃漬起來，藉以拉長可食用的期限。製作醬蟹最美味的材料，是春天排卵期的新鮮母花蟹（꽃게）。經過添加多樣調味料的醃漬流程，之後將蟹殼打開，把白飯與蟹膏、醬油拌在一起，濃郁的味道常讓人一口接著一口，不知不覺就吃掉一碗又一碗的白飯，因而有「白飯小偷」的稱號，是韓國餐飲界著名的偷飯賊。

可把白飯與蟹膏、醬油拌在一起吃

🔍 海中的牛奶——統營鮮蚵（통영 굴）

統營是韓國東南邊的海港城市，以捕撈各種牡蠣鮮蚵出名，通常會有生吃、湯飯或做成海鮮煎餅，韓國各地都能看到有店家主打，使用統營直送的牡蠣鮮蚵來製作料理。以中文來說，帶殼的稱為牡蠣，裡面的肉是蚵，體積更大的則是生蠔，但是韓文裡都稱為「굴」。含有多種營養成分，其中鈣含量接近牛奶，鐵含量約為牛奶的 21 倍，可防止動脈硬化，抗血栓、衰老，有滋補強身的功效，因而被稱為「海中的牛奶」。

1 | 2　　1. 生鮮蚵（굴회）、鮮蚵煎餅（굴전）拼盤 2. 鮮蚵湯飯（굴국밥）

圖 2◎ 萍萍的美食記錄網

延長美味期限—— 安東鹽烤鯖魚（안동 간고등어 구이）

鯖魚是很常見富含營養素的食用魚類，可降低膽固醇、有益於大腦發育，也能預防衰老和成人疾病，並且對提神有幫助。但是鯖魚容易腐壞，古代交通和冷藏設備都不發達，內陸地區的人很難吃到，為了延長鯖魚的保存期限，並且可以運送到內陸，慶尚北道安東地區的做法，會將新鮮捕獲的鯖魚去皮、內臟後洗淨，浸泡於鹽水裡或是撒上粗鹽，之後靜置乾燥熟成，最後用冷水將多餘的鹽分洗掉，在烤架上烘烤，或是現代也會用乾煎的方式，是韓國有名的鄉土料理。

深海養顏聖品—— 馬山燉鮟鱇魚（마산 아구찜）

鮟鱇魚外表兇猛醜陋，如同外星生物一般，但肉質緊實不鬆散，魚肉和魚皮都 Q 彈有嚼勁，含有豐富膠原蛋白，是美味的深海養顏聖品。韓國東南部釜山、馬山一帶海域，為捕撈鮟鱇魚的重要地區，因而出現以辣椒粉調味製作的辣燉鮟鱇魚料理。大多會搭配豆芽菜烹煮，補充鮟鱇魚缺少的膳食纖維，其中馬山的辣燉鮟鱇魚更是有名，因此韓國各地賣鮟鱇魚料理的店家，大多會以馬山二字為名。

韓國城市「大邱湯」（대구탕）？

看到「대구탕」的招牌，也許有人會疑惑，什麼是「大邱湯」？「대구탕」字面翻譯成大邱（韓國地名）湯，但其實是釜山有名的料理「大口湯」。大口魚類似鱈魚，盛產於東南邊釜山和鎮海交界。韓國人認為食用大口魚可強肝健胃、活化視力、恢復體力，對於解除宿醉也有很好的功效。大口魚被捕撈後不容易存活，所以多半是冷凍後再烹煮，但肉質鮮甜、魚湯爽口，無損大口湯在韓國人心中的地位。

海鮮料理菜單

1	2	3
4	5	6

1. 調味生醃醬蟹（양념게장）2. 章魚肥腸鮮蝦鍋（낙곱새）3. 鮮蚵煎餅（굴전）
4. 鮮蚵湯飯（굴국밥）5. 辣味鮮蚵湯飯（매운 굴국밥）6. 鮑魚粥（전복죽）

這裡為單樣海鮮料理，水產市場食材、代客料理相關用字，可參閱 P.117。

간장게장／生醃醬蟹
ganjang-gejang

양념게장／
調味生醃醬蟹
yangnyom-gejang

간장 새우장／生醃醬蝦
ganjang saeujang

양념 새우장／
調味生醃醬蝦
yangnyom saeujang

낙곱새／
章魚肥腸鮮蝦鍋
nakk-kop-ssae
源自1970年代釜山國際市場，
為代表性的在地美食。

마산 아구찜／
馬山燉鮟鱇魚
masan agujjim

굴회／生鮮蚵
gulhwe

굴국밥／鮮蚵湯飯
gul-gukppap

굴전／鮮蚵煎餅
guljon

굴튀김／炸鮮蚵
gul-twigim

매생이 굴국밥／
海藻鮮蚵湯飯
maesaengni gul-gukppap

굴죽／鮮蚵粥
guljuk

전복죽／鮑魚粥
jonbokjjuk

매운탕／辣魚湯
maeuntang

대구탕／大口湯
daegutang

간고등어 구이／
鹽烤鯖魚
gan-godeungo gui

고등어 부침／乾煎鯖魚
godeungo buchim

圖4、5◎萍萍的美食記錄網

1. 乾煎刀魚（갈치 부침）2. 烤鮮貝（조개구이）3. 涼拌海鮮（무침회）4. 辣炒小章魚（쭈꾸미 볶음）5. 火烤小章魚（쭈꾸미 숯불구이）6. 海鮮蔥煎餅（해물파전）

고등어조림／燉鯖魚
godeungo-jorim

갈치조림／燉刀魚
galchi-jorim

갈치 부침／乾煎刀魚
galchi buchim

모듬 생선구이／
綜合烤魚
modeum saengson-gui

삼치구이／烤土魠魚
samchi-gui

조개구이／烤鮮貝
jogae-gui

무침회／涼拌海鮮
muchimhwe

낙지볶음／辣炒章魚
nakjji-bokkeum

낙지볶음 덮밥／
辣炒章魚蓋飯
nakjji-bokkeum dopppap

쭈꾸미 볶음／
辣炒小章魚
jjukkumi bokkeum

쭈꾸미 숯불구이／
火烤小章魚
jjukkumi sutppul-gui

해물파전／海鮮蔥煎餅
haemul-pajon

煎餅介紹可參閱 P.154。

오징어파전／
章魚蔥煎餅
ojingo-pajon

연포탕／章魚湯
yonpotang

갈낙탕／排骨章魚湯
galraktang

圖 1© 姚喬翊 (Joey Yao)

1	2	3
4	5	6
		7

1. 燉黃太魚（황태찜）2. 蒸小龍蝦（딱새우찜）3. 海鮮火鍋（해물전골）
4. 河豚烤肉（복어 불고기）5. 海膽拌飯（성게 비빔밥）6. 章魚火鍋（낙지전골）
7. 糯米湯圓（찹쌀 옹심이），常見是加海鮮湯底或配料

낙지전골／章魚火鍋
nakjji-jongol

해물찜／燉海鮮
haemul-jjim

해물전골／海鮮火鍋
haemul-jongol

해물탕／海鮮湯
haemul-tang

새우 소금구이／鹽烤蝦
saeu sogeumgui

새우튀김／炸蝦
saeu-twigim

딱새우찜／蒸小龍蝦
ttakssaeu-jjim
蝦殼較硬的角蝦，
亦可生食（회）。

성게 비빔밥／海膽拌飯
songge bibimbap

황태찜／燉黃太魚
hwangtae-jjim
黃太魚介紹可參閱 P.104。

황태구이／烤黃太魚
hwangtae-gui
黃太魚介紹可參閱 P.104。

복어탕／河豚湯
bogotang

복어 불고기／河豚烤肉
bogo bulgogi

찹쌀 옹심이／糯米湯圓
chapssal ongsimi
常會是海鮮湯底，或加
海帶、海鮮配料一起煮。

喝熱湯是活力的泉源

韓國傳統的觀念上認為「以熱治熱」，特別是在炎熱夏日，喝燒燙燙的熱湯把汗逼出來，不僅不易中暑，還可以讓身體精神都更有活力，對健康也有相當大的助益。因此韓國湯類料理種類非常多樣，從營養的補身名湯，到各種日常生活裡常見的湯鍋，或是使用在地特產製作的鄉土料理，當湯鍋端上桌後，會豪邁地把一整碗米飯倒入湯裡一起吃，但對韓國人來說，「湯飯」絕對不只是湯泡飯那麼簡單，除了要吃飽，更要吃得營養滿分！

參考價位：
蔘雞湯約₩ 15,000 起，雪濃湯、排骨湯、其他餐點，每鍋／每人均分約₩ 7,000 ～ 10,000 起。

湯鍋類料理的份量標示

湯鍋類料理店家的菜單上，除了大、中、小之外，通常會用以下文字來標示份量的多少：

보통／普通
botong

基本份量的選項，但菜單上不一定會寫出來。

특／特
teuk

基本的份量加大，通常是湯料主要食材較多。

맛보기／品嘗的食品
matppogi

份量較少、吃看看的意思，通常會是以盤為單位的選項，如：「수육」（切片水煮豬肉）、「순대」（血腸），或韓式中華料理「탕수육」（糖醋肉）等。

湯、鍋、火鍋有何不同

雖然都是湯湯水水，但是在韓文裡卻各有不同的用字，演變到現在有些料理的名稱，就會是約定俗成的用法。不想深究的人直接點餐即可，若是對韓國飲食文化有興趣，也可以來看看這些料理的差異之處。

> ### 탕／湯、국／湯
> 以前「탕」是用昂貴的食材熬燉，「국」則是以平價的食材烹煮，例如：

탕／湯
tang

蔘雞湯、雪濃湯、排骨湯，通常是相對價高的料理，或需要長時間燉煮。

蔘雞湯（삼계탕）

국／湯
guk

以較為平價的食材製作湯飯，例如：黃豆芽湯、海帶湯，短時間就可完成。

黃豆芽湯飯（콩나물국밥）

찌개／鍋、국／湯

兩者最大的不同之處，在於「湯料多少」的差異，例如：

찌개／鍋
jjigae

整體水含量較少，例如：泡菜鍋，白菜量較多，會加一些其他配料。

泡菜鍋（김치찌개）

국／湯
guk

整體水的含量較多，例如：豆芽湯，可能只有菜葉，重點是在喝湯。

黃豆芽湯（콩나물국）

전골／火鍋、찌개／鍋

전골／火鍋
jongol

吃的時候會一直持續加熱，被視為主食，基本一鍋就是兩人份以上，若主食不夠可另外加點米飯。名稱上有例外，如：「감자탕」（馬鈴薯豬骨湯），菜名習慣用「湯」，但實際上是火鍋。

海鮮火鍋（해물전골）

찌개／鍋
jjigae

最早是指熱湯類的小菜，重點在於主食米飯，因此點餐都有米飯，不用另外再加點。

泡菜鍋（김치찌개）

부대찌개／部隊鍋
budae-jjigae

雖然是「전골」（火鍋）的樣式，但因為不是傳統料理，所以使用「찌개」（鍋）作為名稱，並且鍋裡已有泡麵，因此部分店家米飯是要另外加點。

部隊鍋（부대찌개）

※ 同一家餐廳，可能會提供食材相同或是類似的選項，例如：「김치찌개」（泡菜鍋）、「김치전골」（泡菜火鍋）。

韓國三大補身名湯

　　蔘雞湯、雪濃湯、排骨湯，是韓國三大傳統補養身體的飲食，分別以雞肉和牛肉牛骨這兩種營養價值高的肉類來製作，燉煮時不會添加過多的調味料，因此都是口感清爽的料理。

삼계탕／蔘雞湯
samgyetang

在童子雞的肚子裡，塞入糯米、人蔘、紅棗、栗子和大蒜等材料，長時間燉煮到骨頭和配料都軟爛入味，但要保持雞肉的鮮嫩。供應蔘雞湯的專門店家，大多會隨雞湯類餐點附送人蔘酒（인삼주），可以直接喝，或是把人蔘酒少量分次加到湯裡一起吃，更好調整到自己喜歡的味道。

설렁탕／雪濃湯
solrongtang

起源與祭祀活動有關，最早稱為「先農湯」，但因為湯頭的顏色而改稱為雪濃湯。以牛骨和牛胸肉，連續熬煮成乳白色湯底，只加少量鹽和蔥花，味道清淡爽口。通常桌上都會有鹽、胡椒或辣椒粉，可以自行添加調味，或是把泡菜、辣蘿蔔的汁加到湯裡。

갈비탕／排骨湯
galbitang

台灣人看到這三個字，滿多人會誤以為是用豬排骨，但韓國料理的排骨湯，是以牛排骨熬煮，可是顏色與雪濃湯的乳白色不同。排骨湯的顏色透明，雖然會帶有些許油脂，但喝起來仍然是口感清爽，通常會加入韓式冬粉，並以青蔥調味，起鍋前再打個蛋花，更是營養滿點。

蔘雞湯裡沒看到人蔘？

各家蔘雞湯店在製作的時候，放入的材料內容可能略有差異，但人蔘都是主角。只是在經過長時間的燉煮之後，人蔘有可能因此體積變小，或者是化掉看不見，所以不見得是店家沒放人蔘，而是精華都已經融在湯裡了喔！

藥食同源（약식동원）、以熱治熱（이열치열）

韓文裡有個成語「약식동원」（藥食同源），或是也可稱為「의식동원」（醫食同源），意指以食材本身的特性為出發，製作成有補身效果的料理，因此吃東西就是在吃補藥，不只是要吃飽，更是要吃得身體健康。

此外，韓國人有「以熱治熱」的飲食觀念，在炎熱的夏天喝熱湯讓身體變暖，到戶外才不會覺得太熱，除了有利於補身，也不會容易中暑，所以夏天反而更常吃蔘雞湯。特別是所謂的「三伏天」，在全年最熱期間的初伏、中伏、末伏這三天，各家蔘雞湯店通常都會大排長龍，很多韓國人還是保有傳統的想法，在這幾天要去吃可以補養身體的蔘雞湯。

豐富糧倉的知名料理——羅州牛肉湯（나주 곰탕）

位於韓國西南邊全羅南道的羅州市，不僅擁有面積廣闊的平原，為朝鮮半島重要農耕地，更因鄰海的地理位置而擁有漁港，成為陸海糧食的運輸中心，是古代重要的糧倉。羅州的牛肉湯從日據時代開始有名，當時日軍在羅州大量生產軍需牛肉食品，剩下的部位就以低價賣給周邊百姓，其他地區在製作牛肉湯的時候，還需要同時加入牛骨，但羅州地區可以全部使用牛肉來熬煮，因而開始聞名於全國。

蔘雞湯菜單

|1|2|
|3|4|

1. 蔘雞湯（삼계탕）2. 人蔘雞的肚子裡會有人蔘、糯米、紅棗、栗子和大蒜等食材 3. 蔘雞湯店附送的人蔘酒（인삼주）4. 藥燉人蔘雞（닭 약백숙），湯汁量少濃稠，是大邱、慶尚北道地區的常見吃法

삼계탕／蔘雞湯
samgyetang

홍삼 삼계탕／
紅蔘蔘雞湯
hongsam samgyetang

한방 삼계탕／
韓方蔘雞湯
hanbang samgyetang

토종 삼계탕／
土種蔘雞湯
tojong samgyetang

산삼 삼계탕／
山蔘蔘雞湯
sansam samgyetang

전복 삼계탕／
鮑魚蔘雞湯
jonbok samgyetang

녹두 삼계탕／
綠豆蔘雞湯
nokttu samgyetang

오골계탕／烏骨雞湯
okkol-gyetang

닭 약백숙／藥燉人蔘雞
dak yakppaekssuk

인삼주／人蔘酒
insamju
蔘雞湯的專門店，通常都會
隨雞湯類的餐點附送。

雪濃湯、排骨湯菜單

1 | 2
3 | 4

1. 雪濃湯（설렁탕） 2. 餃子雪濃湯（만두 설렁탕）
3. 辣牛肉湯（육개장） 4. 鮑魚排骨湯（전복 갈비탕）

韓國傳統牛肉類的湯，如：雪濃湯、排骨湯、牛腩湯、辣牛肉湯等，多會在同一家店的菜單上出現。通常以基本原味為主，部分店家會有加鮑魚、章魚、韓方藥材或不同調味等選擇。

설렁탕／**雪濃湯**
solrongtang

양지탕／**牛腩湯**
yangjitang

육개장／**辣牛肉湯**
yukkkaejang

갈비탕／**排骨湯**
galbitang
要記得是牛排骨（P.94）。

전복 갈비탕／
鮑魚排骨湯
jonbok galbitang

낙지 갈비탕／
章魚排骨湯
nakjji galbitang

곰탕／**牛肉湯**
gomtang

도가니탕／**牛膝骨湯**
doganitang

꼬리탕／**牛尾湯**
kkoritang

떡 설렁탕／**年糕雪濃湯**
ttok solrongtang

만두 설렁탕／
餃子雪濃湯
mandu solrongtang

떡 만두 설렁탕／
年糕餃子雪濃湯
ttok mandu solrongtang

갈비 설렁탕／
排骨雪濃湯
galbi solrongtang

한방 설렁탕／
韓方雪濃湯
hanbang solrongtang

마늘 설렁탕／
大蒜雪濃湯
maneul solrongtang

들깨 설렁탕／
紫蘇雪濃湯
deulkkae solrongtang

찐만두／**蒸餃**
jjinmandu

韓國三大湯鍋料理

　　韓國料理最基本的內容，是由米飯、湯鍋、泡菜、小菜等組成，但是對韓國人來説，只有米飯才是唯一的主角，以下包含湯鍋都算是小菜類。

　　泡菜鍋、大醬鍋（韓式味噌）、嫩豆腐鍋，是韓國最常見的三大湯鍋。湯鍋裡放的配料，各地區可能會因為在地特產而有不同，就像是餐廳裡提供的小菜一樣。例如：湯鍋裡基本最常會有的是碎豬肉片，或是放一隻蝦和幾顆蛤蜊，但是在鄰海的城市，也有店家會放各種魚類來燉煮，有點像是驚喜包，在每個地方可能都會吃到不同的口味。

❷ 把端菜的鐵盤一起送上桌

巴士站周邊、人潮流動較頻繁的餐廳，為了配合旅客趕著搭車，或是想要提高翻桌率，因此多有店家會使用鐵製大托盤，把全部的餐點都放在一起端上桌，並且連托盤都直接留在桌上，這樣客人吃完後，就能一次把所有餐具全部收走，藉以加快上菜和收桌的速度。

❷ 腐臭味美食──清鞠醬鍋（청국장찌개）

清鞠醬是以大豆發酵來製作，煮成湯鍋後與大醬湯（韓式味噌）看起來相似，但味道卻很不同，有點像是已經發出腐臭味的垃圾。從遠古高句麗（前 37 ～西元 668 年）時代開始，把豆子煮好放在馬鞍下，以便於隨時可以拿來吃，馬匹的體溫讓豆子自然發酵，因此不容易變壞，即使發生戰爭也可以快速食用。

把大豆洗乾淨煮熟，用稻草包起來，放在溫度高的房間裡發酵，只要約三天就能完成，比起製作大醬的時間快上許多。以前的人喜歡經過更長時間發酵，氣味較濃的清鞠醬，但隨著現代人的口味變化，相較於臭到讓人頭暈的特殊風味，現代的味道清爽許多。但因為清鞠醬裡富含的微生物，可以幫助腸道加速蠕動，吃過的人容易排出氣體，那就又是另一種味道了……。

三大湯鍋相關菜單

1 | 2
3 | 4

1. 泡菜鍋定食（김치찌개 정식） 2. 鯖魚泡菜鍋（고등어 김치찌개），釜山周邊海域盛產鯖魚，所以常會拿來煮湯 3. 豬肉泡菜鍋（돼지고기 김치찌개）4. 海鮮大醬鍋（해물 된장찌개）

本篇收錄泡菜鍋、大醬鍋、嫩豆腐鍋等三樣最常見的湯鍋配料，但除非是在特別的專賣店，不然一般韓國店家，通常只有三種大類別的選項。

湯鍋類餐點的樣式，大致上會分為「정식」（定食）、「백반」（白飯定食），兩者差異可參閱 P.68，通常每家店裡只會有一種。若兩種都有，前者的餐點份量、價格，應當都會多、高於後者。

1 | 2　1. 花蛤嫩豆腐鍋（바지락 순두부찌개）2. 大醬鍋（된장찌개），
有些烤肉店會在烤盤上，直接附送湯鍋

김치찌개／**泡菜鍋**
gimchi-jjigae
大多使用發酵較久、
口味較酸的老泡菜製作。

고등어 김치찌개／
鯖魚泡菜鍋
godeungo gimchi-jjigae
釜山地區較常見。

돼지고기 김치찌개／
豬肉泡菜鍋
dwaejigogi gimchi-jjigae

참치 김치찌개／
鮪魚泡菜鍋
chamchi gimchi-jjigae

꽁치 김치찌개／
秋刀魚泡菜鍋
kkongchi gimchi-jjigae

된장찌개／**大醬鍋**
dwenjang-jjigae
大醬是類似味噌的調味
醬料，通常不太會辣。

돼지고기 된장찌개／
豬肉大醬鍋
dwaejigogi dwenjang-
jjigae

조개 된장찌개／
蛤蜊大醬鍋
jogae dwenjang-jjigae

소고기 된장찌개／
牛肉大醬鍋
sogogi dwenjang-jjigae

해물 된장찌개／
海鮮大醬鍋
haemul dwenjang-jjigae

순두부찌개／**嫩豆腐鍋**
sundubu-jjigae
通常加海鮮或碎豬肉片
做湯料，並使用嫩豆腐。

해물 순두부찌개／
海鮮嫩豆腐鍋
haemul sundubu-jjigae

바지락 순두부찌개／
花蛤嫩豆腐鍋
bajirak sundubu-jjigae

김치 순두부찌개／
泡菜嫩豆腐鍋
gimchi sundubu-jjigae

정식 / **定食**
jongsik

백반 / **白飯定食**
baekppan
可參閱 P.68。

전골／**火鍋**
jongol
三大湯鍋有些餐廳會提供
配料較多的火鍋樣式。

湯飯不只是湯泡飯

　　湯飯是朝鮮半島的三大飲食之一，原來是以牛骨、牛肉和米飯製作，但是在不同地區，主要材料也會因為當地特產而有不同。韓戰爆發後，因物價過高、物資取得不易，改以好種植、易捕撈、較為平價或多餘的食材，來製作日常吃的湯飯，例如：釜山的豬肉湯飯、大邱的牛血湯飯、江原道的血腸湯飯、全羅北道的黃豆芽湯飯、慶尚南道的鮮蚵湯飯等，不只是要吃飽，更有在地文化與時代背景的歷史意義。

※ 朝鮮半島的三大飲食為：全州拌飯（P.132）、開城湯飯、平壤冷麵，後兩者城市位
　　於現今北韓境內。

圖左上 © 萍萍的美食記錄網

湯飯（국밥）、分式湯飯（따로국밥）

　　湯飯是韓國很常見的料理，有直接把飯放在湯裡的，也有另外用小碗裝著米飯，要吃的時候再拌入湯裡。如果同一家店兩種都有，通常分式湯飯的價格因為湯料較多一些，會多約₩ 500 ～ 1,000。不過，其實吃起來的感覺差異不太大，就看個人喜好來選擇囉！

1 | 2
1. 泡菜黃豆芽湯飯（김치 콩나물
국밥）2. 牛血湯飯（선지국밥）

解酒湯（해장국）不是酒後限定

　　韓國人覺得喝熱湯能有效緩解宿醉的不適，所以很多料理店都會有「해장국」（解酒湯），不過，其實這就是熱湯飯，不限定酒後，每個人都能點來吃。各店家依據本身提供的餐點不同，湯飯的用料也會相異，例如：原本至少 2 ～ 3 人份一鍋的馬鈴薯豬骨湯，通常也會有個人可以點的大骨解酒湯，都是類似的食物，只是份量大小不同。其他還有鮮蚵、牛血、黃豆芽、海帶湯⋯⋯等可選擇。

辣味豬骨解酒湯（뼈다
귀해장국），馬鈴薯豬
骨湯的個人小鍋

祝你生日快樂──海帶湯（미역국）

　　韓國的傳統習俗，生日當天早上要喝海帶湯，取海帶的「長」形狀，代表祝願長壽的意思；或者婦女在生產後也要喝海帶湯，把體內不好的髒東西排出。但以往除了在家裡自己煮之外，餐廳的海帶湯多是屬於配菜類，比較難單獨點餐。近年才陸續出現專門提供海帶湯的店家，不只是營養好吃，對於不吃辣的人來說，也多了一樣用餐好選擇。

1 | 2　1. 鮑魚牛肉海帶湯（전복 소고기 미역국）2. 統營鮮蚵海帶湯
（통영 굴 미역국）

下圖 2©Windko。臺灣 / 韓國 / 旅遊美食生活

臨時首都的時代風味──釜山豬肉湯飯（부산 돼지국밥）

朝鮮半島常見的湯飯，最初是用牛骨、牛肉熬煮，和米飯一起吃的料理。韓戰（西元 1950 年）爆發後，韓國（南韓）軍隊為抵禦朝鮮（北韓）的進逼，首都從漢城（現首爾）一路往東南向後退到釜山，當時物價過高、生活物資取得不易，跟隨政府軍逃難到釜山的人民，改以較平價的豬肉來替代牛肉，做成口味清爽的豬肉湯飯。如果覺得味道太淡，可用隨餐附上的蝦醬（새우젓）和生拌韭菜（부추 겉절이）來調味，是釜山的招牌在地料理。

| 1 | 2 | 3 |
| 4 | 5 | |

1. 豬肉內臟湯飯（돼지 내장국밥）
2.3. 吃豬肉湯飯的時候，韓國人習慣加泡菜或韭菜一起吃 4. 豬肉湯飯的湯底味道清爽，可以用適量的蝦醬（很鹹）調味 5. 除了米飯，吃豬肉湯飯時，通常還會有麵線

寒冷氣候下的產物──黃太魚解酒湯（황태해장국）

韓國北部江原道的特產明太魚，據說是一位「太」姓的漁夫，在「明」川之中捕獲的魚。以前海鮮不易保存，但江原道氣候寒冷，冬天可以到零下 20 ～ 30 度之間，因此使用自然冷凍的方式乾燥漁獲，來延長食用期限。明太魚的相關製品，根據不同的處理方式，會有不一樣的稱呼：

생태／生太
saengtae
捕捉後直接冷凍。

북어／北魚
bugo
「生太」再乾燥處理。

황태／黃太
hwangtae
捕捉後去除內臟，在寒冷的天氣中反覆曬乾、結凍、解凍，形成表皮與魚肉皆為金黃色，稱之為「黃太魚」。在江原道的束草，多有提供黃太魚相關料理的店家。

牛、豬肉類湯飯菜單

1	2	3
4	5	6

1. 血腸湯飯（순대국밥） 2. 切盤血腸（순대 맛보기） 3. 血腸、切片豬肉、豆腐（순대、수육、두부）綜合拼盤 4. 辣味豬骨解酒湯（뼈다귀해장국） 5. 牛肉湯飯（소고기국밥） 6. 牛血湯飯（선지국밥）

국밥／湯飯
gukppap

따로국밥／分式湯飯
ttaro-gukppap

순대 맛보기／
切盤血腸
sundae matppogi

돼지국밥／**豬肉湯飯**
dwaeji-gukppap

순대국밥／**血腸湯飯**
sundae-gukppap
血腸通常都是以豬血、
豬腸製作。

내장국밥／**內臟湯飯**
naejang-gukppap
豬內臟為主，
通常不會是牛的。

섞어국밥／**混合湯飯**
sokko-gukppap
豬肉、血腸、內臟
選 2～3 種混合的湯飯。

수육 백반／
白切肉套餐
suyuk baekppan
將水煮豬肉切片沾醬料來
吃，會搭配一碗有少量豬
肉片的清湯。

뼈다귀해장국／
辣味豬骨解酒湯
ppyodagwi-haejangguk
馬鈴薯豬骨湯個人單吃小
鍋，火鍋類可參閱 P.78。

소고기국밥／
牛肉湯飯
sogogi-gukppap

소머리국밥／
牛頭肉湯飯
somori-gukppap

선지국밥／**牛血湯飯**
sonji-gukppap

海產類湯飯菜單

1	2	3
4	5	

1. 海帶湯（미역국）2. 鮮蚵湯飯
（굴국밥）3. 辣味鮮蚵湯飯（매운
굴국밥）4. 鮑魚牛肉海帶湯（전복
소고기 미역국）5. 統營鮮蚵海帶
湯（통영 굴 미역국）

從韓國知名海帶產地─釜山市機張郡開始的「五福海帶湯」（오복미역），是
近年興起的海帶湯連鎖專賣店，本篇亦收錄該店家的主要菜單，提供讀者參考。

미역국／**海帶湯**
miyokkkuk

콩나물국밥／
黃豆芽湯飯
kongnamul-gukppap

김치 콩나물국밥／
泡菜黃豆芽湯飯
gimchi kongnamul-
gukppap

황태 해장국／
黃太魚解酒湯
hwangtae haejangguk

굴국밥／**鮮蚵湯飯**
gulgukppap

김치 굴국밥／
泡菜鮮蚵湯飯
gimchi gulgukppap

매생이 굴국밥／
海藻鮮蚵湯飯
maesaengni gulgukppap

복국／**河豚湯**
bokkkuk

굴 미역국／
鮮蚵海帶湯
gul miyokkkuk

매생이국밥／
海藻湯飯
maesaengni-gukppap

五福海帶湯

가자미 미역국／
鰈魚海帶湯
gajami miyokkkuk

조개 미역국／
貝類海帶湯
jogae miyokkkuk

전복 소고기 미역국／
鮑魚牛肉海帶湯
jonbok sogogi miyokkkuk

소고기 미역국／
牛肉海帶湯
sogogi miyokkkuk

전복 조개 미역국／
鮑魚貝類海帶湯
jonbok jogae miyokkkuk

전복 가자미 미역국／
鮑魚鰈魚海帶湯
jonbokk gajami
miyokkkuk

圖 2© 王同學、圖 3© 萍萍的美食記錄網、圖 5©Windko。臺灣 / 韓國 / 旅遊美食生活

雞肉、其他類湯飯菜單

1 | 2　　1. 河蜆湯飯（재첩국밥）2. 乾白菜湯飯（시래기국밥）

這類的餐點，多會出現在鄉下地方，或是郊外山區的景點周邊，且店家多有提供山菜拌飯（P.136）、海鮮蔥煎餅（P.156）、涼拌橡實凍（本頁）等料理。

닭곰탕 국밥／
清雞湯飯
dakkkomtang gukppap

닭개장 국밥／
辣雞湯飯
dakkkaejang gukppap

부대국밥／**部隊湯飯**
budae-gukppap
個人小份部隊鍋，飯捲天國類（P.189）的部分店家會有。

시래기국밥／
乾白菜湯飯
siraegi-gukppap

올갱이국밥／**田螺湯飯**
olgaengni-gukppap
韓國中部內陸地區的
鄉土料理。

다슬기국밥／**螺肉湯飯**
daseulgi-gukppap
韓國中部內陸地區的
鄉土料理。

추어탕／**泥鰍湯**
chuotang
全羅北道南原市的鄉土料理，將泥鰍輾壓後烹煮，湯裡看不到泥鰍。

재첩국밥／**河蜆湯飯**
jaechop-kkukppap
韓國南部內陸地區的
鄉土料理。

도토리묵／**涼拌橡實凍**
dotorimuk
郊外山區鄉土餐廳
有時會出現的韓式涼粉。

산채비빔밥／**山菜拌飯**
sanchae-bibimbap
郊外山區鄉土餐廳幾乎
都有的選項。

오리탕／**鴨子湯**
oritang
韓國西南部光州市的
知名鄉土料理。
（可參閱 P.108）

찹쌀 옹심이／
糯米湯圓
chapssal ongsimi
通常是海鮮湯底，
加海帶、牛肉等一起煮。

🔍 地方補身好料理——鴨子湯（오리탕）

　　「鴨肉」雖然是韓國家禽類食用量的第二名，但是比起第一的雞肉，還有常見的牛、豬肉等，鴨肉料理還真的算是不常見。但若有機會到訪韓國西南邊的光州市和全羅南道，因為這裡是韓國主要飼養鴨子的地區，有機會吃到鴨子湯、炒鴨肉、烤鴨肉、清燉鴨肉、煙燻鴨肉等料理，或是在首爾周邊京畿道、韓國東南邊釜山周邊地區等，也可以找到提供鴨肉料理的餐廳。

　　「鴨子湯」是光州市的特色鄉土料理，在光州火車站附近的鴨肉料理街，聚集多家專門料理店。除了主食材鴨肉，還會有人蔘、鹿茸、栗子、紅棗、糯米等一起燉煮，再加入豐富的紫蘇粉，以及大把新鮮的水芹菜，湯頭味道濃醇但不油膩，鴨肉的口感軟嫩，久煮也不易乾柴，且鴨肉富含蛋白質與不飽和脂肪酸，對於解暑熱和消水腫有幫助，是很好的補身料理。

光州的鴨子湯，會搭配煮水芹菜一起吃

오리탕／鴨子湯 oritang

오리 불고기／炒鴨肉 ori bulgogi

오리주물럭／紅燒鴨肉 orijumulrok

오리백숙／清燉鴨肉 oribaekssuk

훈제 오리／煙薰鴨肉 hunje ori

光州鴨肉料理街
gwangju ori yori gori

🚩 **DATA**

地址 광주시 북구 유동、신안동（光州市北區柳洞、新安洞交界）

時間 各店家不同，約為中午～ 22:00

交通 光州火車站步行約 10 分鐘

圖 ©Windko。臺灣／韓國／旅遊美食生活

暖胃飽足的部隊鍋

韓戰爆發後，社會上物資缺乏、糧食不足，因此漢城（現首爾）周邊的居民，向駐紮在京畿道議政府市的美軍部隊，拿一些多餘、吃不完的食物回家，混合泡菜、辣椒粉等重口味的小菜和調味料，放在大鍋裡烹煮後食用，這就是部隊鍋的由來。演變到現在，部隊鍋不再只是煮剩菜的大雜燴鍋，但保留多樣食材的特色，除了原有的火腿、午餐肉，還會加入泡麵、年糕、通心粉、薄片肉等食材。一般來說，基本口味都是會辣，但通常也可以調整辣度，或是有較不辣的口味能選擇，搭配上米飯和泡麵，是非常有飽足感的一餐。

🔍 吃鍋可以加湯嗎？

　　韓國的熱湯鍋類料理，以份量的多寡來說，大致上可以分為兩種，個人單獨吃的小鍋，例如：雪濃湯、泡菜鍋，以及 2 人份以上的大鍋，例如：燉海鮮鍋、部隊鍋。1 人份的小鍋，因為上桌時就已經是煮好的，因此通常沒有再另外加湯，但大鍋是上桌後才開火煮，並且吃的時候還一直持續加熱，所以會有加湯的服務。加湯有些是需要呼叫店員，或是也有店家會把高湯直接放在吧台上，可以自助式取用。

部隊鍋相關菜單

1 | 2　　1. 部隊鍋（부대찌개）2. 牛薄片三層肉部隊鍋（우삼겹 부대찌개）

本篇以韓國連鎖店家「金剛部隊鍋」（킹콩부대찌개）的菜單為基礎來整理收錄，其他部隊鍋店家也可以應用。

金剛部隊鍋

부대찌개／**部隊鍋**
budae-jjigae
通常指原味鍋。

하얀 부대찌개／
白湯部隊鍋
hayan budae-jjigae
比較不辣。

섞어 부대찌개／
什錦綜合部隊鍋
sokko budae-jjigae

햄가득 부대찌개／
火腿滿滿部隊鍋
haem-gadeuk
ppudae-jjigae
可能也會包含午餐肉
（스팸햄）。

우삼겹 부대찌개／
牛薄片三層肉部隊鍋
usamgyop
budae-jjigae

국물／**湯**
gungmul

우삼겹／
牛薄片三層肉
usamgyop

햄／**火腿**
haem

스팸햄／**午餐肉**
seupaem-haem
火腿、午餐肉
有時可能混合。

모듬사리／**綜合配料**
modeum-sari

우동／**烏龍麵**
udong

물만두／**水餃**
mulmandu
配料類是小顆水餃，
有些類似餛飩。

라면／**泡麵**
ramyon

볶음밥／**炒飯**
bokkeumbap

공기밥／**米飯**
gonggibap

치즈／**起司**
chijeu

水產市場的活跳鮮味

　　韓文裡的「수산시장」（水產市場），指的就是海鮮市場。韓國本土三面環海，加上還有數個島嶼，擁有相當豐富的海洋資源，於是海鮮也成為韓國料理中很重要的一個類別。去賣海鮮的專門傳統市場走走逛逛，不僅可以體驗韓國的在地氣氛，還能在攤位購買自己喜歡的海產，再去餐廳區請代客料理的店家幫忙烹煮，只要付料理費或桌位費，就可以更即時地品嘗新鮮美味。釜山的札嘎其市場、首爾的鷺梁津市場，都是可以吃到豐富綜合海鮮料理的代表市場；或是釜山的機張市場，因為附近就是大蟹、帝王蟹等的主要輸入或捕撈港口，所以市場裡聚集專門販售螃蟹的店家，只要簡單清蒸就非常美味呢！（單樣海鮮料理可參閱 P.85）

參考價位：
部分海鮮食材、餐點為時價，桌位費每人約₩ 3,000～5,000，料理費依食材數量，約₩ 5,000 起。包含各項費用，每人每餐建議預算約₩ 50,000 起。

韓國知名海鮮市場

釜山

札嘎其市場 자갈치 시장 jagalchi sijang
韓國規模最大的海鮮市場

　　廣義來說，由周邊多個海鮮市場組成，是海產攤販和餐廳聚集的區域，可以品嘗到多種類綜合海鮮的美味。在海鷗造型的市場大樓（頂樓有海景展望台）裡，1 樓是海鮮市場，購買後可到 2 樓找店家烹煮，或是直接前往餐廳用餐。市場區域的街邊巷弄裡，也聚集著數量眾多的海鮮餐廳。

鯖魚（고등어），釜山市的市魚，盛產於釜山周邊海域，常會用來煮湯鍋，或是乾煎、炭烤

🚩 **DATA**

地址 부산시 중구 자갈치해안로 52（釜山市中區札嘎其海岸路 52）

時間 各店家不同，大約 05:00 ～ 22:00

交通 釜山地鐵 110 札嘎其站 10 號出口，直走約 3 分鐘路口右轉是市場範圍，再直走約 3 分鐘可到海鷗造型大樓（地址標示位置）

釜山

機張市場 기장 시장 gijang sijang
螃蟹專門海鮮市場

　　因為是帝王蟹、大蟹等的主要捕撈和進口港，機張市場以各類螃蟹為主要商品，還有海帶、鯷魚、鰻魚和刀魚等豐富海鮮。相較於鬧區裡的市場，此處價格更為親民，當地人和外地批發商都喜歡來購買。這裡的餐廳以販售清蒸螃蟹為主，選購和用餐是同一店家；市場裡的攤販也有小吃和各種農產水果可購買。

🏳 **DATA**

地址 부산시 기장군 읍내로 104 번길 16（釜山市機張郡邑內路 104 號街 16）

時間 各店家不同，大約 06:00 ～ 22:00。市場以白天為主，海鮮餐廳營業到晚餐之後

交通 釜山電鐵東海線 K123 機張站 1 號出口，步行約 4 分鐘

首爾

鷺梁津市場 노량진 시장 noryangjin sijang
首爾海鮮市場的代名詞

　　首爾最大的綜合海鮮市場。古代「鷺梁津」是來往漢江南北的重要渡口，隨著鐵路線開通，鷺梁津站周邊成為貨物集散地，後來首爾站附近的海鮮市場搬遷到此，使「鷺梁津」成為綜合海鮮市場的代名詞。經過改建的市場新大樓，有更明亮的環境空間，1 樓是海鮮攤販，2 樓有代客料理的餐廳，24 小時都能品嘗最即時的新鮮味。

🏳 **DATA**

地址 서울시 동작구 노들로 674(首爾市銅雀區鷺得路 674)

時間 全年無休，24 小時都有攤販、餐廳營業，但白天還是較為熱鬧

交通 首爾地鐵 136 ／ 917 鷺梁津站步行約 5 分鐘

吃螃蟹專門店

　　位在高緯度的韓國，周邊的海水溫度較低，適於各類海鮮的生長，水產資源豐富。特別是與俄羅斯交界的海域，為帝王蟹、大蟹的重要產區，這一帶捕撈或進口的螃蟹，不僅肉質較佳，且價格相對來說也更為實惠（多為時價）。韓國各大海鮮市場，大多都會有專門販售蒸螃蟹的餐廳，先在店前挑選購買螃蟹，之後直接蒸熟內用。通常店家會協助把螃蟹剪開，吃起來相當方便，只要另外付基本的桌位費（每人計算），就附送沾醬和豐富小菜。很多人去韓國旅行的時候，都會特別安排去吃螃蟹喔！

圖左上、下 © 姚喬翊（Joey Yao）

🔍 韓國的螃蟹分類

對於螃蟹的分類名稱，韓國與台灣用法習慣不同，舉例來説，台灣人稱的油蟹、鱈場蟹，在韓國都算是「帝王蟹」（킹크랩）類，而竹蟹、松葉蟹等，韓國則是稱為「大蟹」（대게），因此，即使身體構造上略有差異，但是韓國的專賣店裡，蒸螃蟹主要只會有帝王蟹、大蟹這兩種，千萬別誤會是店家要欺騙消費者喔！而其他體積較小的花蟹、紅蟹等，則是多用在煮湯或是煮泡麵。

🔍 螃蟹如何挑選經驗談

前面有提到，韓國對於螃蟹的分類方法與台灣不同，我們不是要當海洋生物學家，與其拘泥在要吃特定蟹種，或是研究螃蟹的細部構造，還不如了解挑選的方法。例如詢問店家，當天哪種蟹的品質比較好，帝王蟹並不是絕對，有時大蟹的品質反而勝過帝王蟹；親眼確認螃蟹離開冷藏水箱時的活動力，所有蟹腿都完好沒有斷裂，用手指輕壓螃蟹，感覺一下蟹腿的肉是否飽滿或只是空殼，一直到最後，親眼看到店家把蟹處理好、送進蒸籠裡，再去用餐區找座位。自己要吃的螃蟹，可以由自己來把關喔！（相關實用會話可參閱 P.253）

螃蟹專門店菜單

<table>
<tr><td>1</td><td>2</td></tr>
<tr><td>3</td><td>4</td></tr>
</table>

1. 螃蟹清蒸之後大多會剪開，吃起來很方便 2. 炒飯（복음밥），會加蟹膏一起炒 3. 泡麵（라면），可以加蟹肉一起煮 4. 不論品種，飽滿有彈性、沒有斷裂的蟹肉最讚

在專門販售清蒸帝王蟹、大蟹的店家，有些只專賣這兩種，有些則可能會有龍蝦。清蒸螃蟹上桌後，推薦加點炒飯，店家會把蟹膏拿去一起炒，非常好吃！

상차림／桌位費
sangcharim
約每人₩3,000～5,000。

킹크랩／帝王蟹
kingkeuraep

대게／大蟹
daege

랍스타／龍蝦
rapsseuta

라면／拉麵
ramyon
煮的泡麵。
（可參閱 P.140）

꽃게 라면／花蟹拉麵
kkotkke ramyon

볶음밥／炒飯
bokkeumbap

공기밥／米飯
gonggibap

꽃게탕／花蟹湯
kkotkke-tang

綜合海鮮市場

　　韓國較有規模的海鮮市場，通常都可以先在攤位購買食材，再拿去周邊或樓上的代客料理餐廳，請店家依照個人口味喜好來烹煮，就能即時品嘗到最新鮮的海味。這類代客料理餐廳的收費方式，基本會有依人數計算的「桌位費」，包含用餐座位、餐具和小菜，再加上代為製作的「料理費」，會依料理方式、食用人數、食材數量等，有不同的計量單位與計價方式。因為量多、人數多，去平攤費用才更實惠，所以韓國人通常都是 2 人以上一起去用餐。

※ 基本桌位費可能會因點餐內容不同而有所差異，可事先詢問。
※ 桌位費的小菜數量，各店家也許會有不同，或是部分可能需要加價。

辣魚湯（매운탕）、鮮魚湯（지리탕）

　　在韓國傳統市場的海鮮餐廳裡，通常韓國人習慣的是喝辣魚湯、辣海鮮湯，例如：烤魚、生魚片、代客料理等，分切魚類後剩下的魚骨，或是體積小的螃蟹，就會成為煮湯提味的材料，但如果不太能吃辣，記得點餐時就先跟店家說改成鮮魚湯，這樣比較不會有負擔。

軟體海鮮家族

　　「軟體海鮮」可能有些人不知道是什麼，但是說到章魚、魷魚、花枝，以及文蛤、花蛤、紅蛤，應該大家就不陌生了，不過，你能從外觀來分辨這些海鮮的差異嗎？

貝類家族

홍합／紅蛤
honghap

又稱為淡菜、貽貝、孔雀蛤，外殼呈深墨綠色，貝肉為橙色、乳白色，常用於湯類料理。

꼬막／毛蛤
kkomak

又稱為麻蛤、血蛤，體積介於蜆、文蛤之間，殼上有明顯的曲線狀紋路，煮熟後的肉汁為暗紅色、肉為橙色，通常用於冷盤小菜。

키조개／牛角蛤
kijogae

又稱為牛角蚌，尖角狀貝類，可燒烤後食用。因肉柱肥大，常見的「干貝」便是取自於此並加工製成。

바지락／花蛤
bajirak

體積介於蜆、文蛤之間，通常做成湯類料理。

조개／文蛤
jogae

體積較大，通常用於燒烤。

대합조개／大文蛤
daehapjjogae

比文蛤體積更大的貝類。

가리비／扇貝
garibi

又稱為元貝、帶子，可燒烤後食用。

재첩／蜆
jaechop

體積較小，通常會做成湯類料理。

圖 © 姚喬翊（Joey Yao）

花枝家族

갑오징어／花枝
gabojingo

又稱為烏賊、墨魚，有 10 條腿，較長的 2 條是手，體內有一個硬殼，其他部分都是透明軟狀。

꼴뚜기／小魷魚
kkolttugi

又稱小卷、鎖管，身長約 7 公分左右，有 10 條腿，較長的 2 條是手。

오징어／魷魚
ojingo

又稱為柔魚、赤魷，有 10 條腿，較長的 2 條是手。

무늬오징어／軟絲
muniojingo

韓文又稱흰꼴뚜기，有 10 條腿，頭部呈橢圓形。

한치／透抽
hanchi

又稱為中卷，有 10 條腿，較長的 2 條是手，身長約 15 公分以上。

章魚家族

문어／大章魚
muno

一般八爪章魚，腿比較粗，適合煮湯、燒烤。

낙지／章魚
nakjji

長蛸八爪章魚，腿比較細長，適合煮湯、生吃。

쭈꾸미／小章魚
jjukkumi

短蛸八爪章魚，短腿小章魚，腿粗又短，適合鐵板辣炒、熟食。

鮮蚵家族

굴／蚵仔
gul

帶殼的蚵仔叫牡蠣，去殼以後是常見的蚵仔。

양식 굴／生蠔
yangsik gul

韓國的蚵仔與生蠔取用同一個字「굴」，但加上「양식」（養殖），白色部位更加肥美多汁。

생굴／生蚵仔
saenggul

自然產的蚵，可煮成湯或生吃。

🔍 暗黑系海鮮料理

海鮮是很多人到韓國旅行，至少要吃一次的大餐，無論是螃蟹類或綜合海鮮，都各有喜好的支持者。但以下五種海鮮料理，不只是很多外國人覺得心驚驚，有時候就連韓國人都怕怕不敢吃呢！

홍어／斑鰩・魟魚
hongo

韓國暗黑料理之首！！

「斑鰩／魟魚」俗稱魔鬼魚，身形扁平帶有形似人類的五官，是西南部全羅南道木浦市的知名鄉土料理。以往低溫設備不發達的年代，漁民把捕捉到的斑鰩洗乾淨、去除內臟，在室溫發酵 3 天左右，傳統常見的吃法是切成生魚片，用生菜把魚片、泡菜、豬肉片包著一起吃，稱之為「홍어삼합」(斑鰩三合)，也可加青蔥、辣椒、大蒜等調味。斑鰩切成的生魚片，肉質 Q 彈有嚼勁，外觀與其他生魚片類似，但因為斑鰩魚身體裡的物質分解後會釋放氨氣，也就是所謂的阿摩尼亞，因此隨著入口慢慢咀嚼，能感受到類似公共廁所的獨特風味……。

과메기／秋刀魚乾
gwamegi

特色是帶有強烈異味……

韓國東南部慶尚北道的特產，特別是在浦項市的九龍浦地區。最早以青魚來製作，1960 年代以後，青魚的產量急劇減少，所以改用秋刀魚替代。以往在冬季氣溫很低的時候，把秋刀魚掛起來，在 3 ～ 10 天內反覆冷凍、解凍，最後在陰涼處風乾。處理好的秋刀魚乾，帶有強烈的發酵異味，與知名的瑞典鹽醃鯡魚不相上下……。在浦項知名的竹島市場裡，有許多販售秋刀魚乾的店家，以生白菜將生魚乾、配菜和醬料包在一起吃，是東南沿海地區有名的下酒菜。產地九龍浦港的部分海鮮餐廳，還會把秋刀魚乾當成小菜，提供給顧客品嘗。

개불／海腸
gaebul

讓人有點害羞的外型……

「海腸」外觀圓胖呈長條形，又稱為海蚯蚓，棲息在海邊潮間帶的泥沙中，外表是透紅的乳白色，表面有很多突起，以冬、春兩季最易捕獲。韓國的海鮮餐廳裡，海腸通常是生吃，把頭尾剪開讓血水流出來，將內臟擠壓拉出來，這時候還看到牠在蠕動，之後清洗乾淨、切成小塊食用。因為本身含有甜味物質，只沾芝麻油或略沾辣椒醬吃，就有清甜脆嫩的口感。至於韓文名稱「개불」的由來是：「개의 불알」，其中「개」是狗的意思，而「불알」是狗的睪丸，但以海腸的外型來看，會覺得更像是小男生的生殖器……。

直接活跳跳就生剝皮！！

꼼장어／盲鰻
kkomjango

韓國東南部釜山知名的在地料理，外型與鰻魚相似，但是跟屬於硬骨魚類的鰻魚不同，身形纖長、沒有下巴，因為多棲息於海底的泥沙地，眼睛的構造與功能都退化，埋在表皮裡難以辨識。日據解放之後，使用魚皮製作生活類用品，因此把魚身體拿來食用。釜山傳統是用稻草燒烤來料理，現在海鮮餐廳的處理方法，則是將盲鰻從水裡撈起後，以錐子將其頭部固定在桌面上，再直接新鮮剝皮，切成適當大小，除了燒烤之外，也會有鹽烤原味、醬料調味等選擇。

산낙지／活章魚
sannakjji

不只生吃，居然還是活的？！

「산낙지」的名稱由來，「산」活的＋「낙지」章魚，把活章魚清洗乾淨後切成小塊，因為神經系統還有反應，所以讓人感覺章魚還活著，直接吃下去會有怕怕的感覺。新鮮有活力的章魚腳，現切後直接生食，口感清爽有嚼勁，但吸盤蠕動的時候，容易沾黏食道引發窒息，因此吃生章魚要特別注意，記得要沾用芝麻油和鹽做成的沾醬一起吃，有潤滑的功用，防止章魚的吸盤吸住食道，並且要多咀嚼幾下喔！

完食一整尾生魚片

關於吃生魚片的文化，台灣與日本比較相似，會區分魚的部位，多數以「份」為單位計算，通常每份為幾片。但是韓國人吃生魚片，通常是以「尾」、「盤」來計算，將整條魚去除內臟處理乾淨後，切成薄片或細條狀，沾芥末、特製大醬或醋辣椒醬等來吃，魚骨則是會拿去煮成辣魚湯。在餐廳或大型海鮮市場，也會有綜合生魚片拼盤，總之每一份的量都是比較多，適合多人一起吃。

眼睛都在同一邊的魚 —— 左比右鰈

「比目魚」、「鰈魚」在韓、台、日都很常見，屬於鰈形目的深海魚。這兩種魚外觀極為相似，幼魚時期眼睛分在身體兩側，但是長大的過程中，兩隻眼睛逐漸位移到同側；分辨的方式，和魚嘴面對同方向，兩隻眼睛都在左側是「比目魚」，而都在右側的是「鰈魚」，兩者切開後只看魚肉很難分辨差異。比目魚油脂含量比較多，口感較為 Q 彈，通常切成生魚片食用，鰈魚則是筋比較多，會以燉煮或乾煎的方式料理。

由於「比目魚」、「鰈魚」的外型過於相似，因此有些韓文字典的翻譯其實也不是太精確，若真的想要分辨，還是要看未處理前整條魚的外觀較為準確。韓文裡的名稱區分如下：

가자미
gajami

鰈形目的魚，沒有固定指哪一種。

광어
gwango

鰈魚，又稱為「넙치」、「서대기」。

비목어
bimogo

比目魚，又稱為「도다리」。

常見生食魚類

如果沒有要吃特定魚類，不如就買綜合生魚片拼盤吧

연어／**鮭魚**
yono

광어／**鰈魚**
gwango

비목어／**比目魚**
bimogo

방어／**魴魚**
bango
又稱為多利魚。

참치／**鮪魚**
chamchi
又稱為金槍魚。

밴댕이／**青鱗魚**
baendaengi
又稱為青花魚。

도미／**鯛魚**
domi

삼치／**鰆魚**
samchi
又稱為馬交魚。

민어／**民魚**
mino
又稱為春子魚。

숭어／**烏魚**
sungo

진어／**錢魚**
jino

다금바리／**東海鱸**
dageumbari
又稱為「자바리」，濟州
島的特產，多作為生魚片。

其他料理魚類

1 | 2　1. 刀魚（갈치），適合乾煎或燉煮 2. 鯖魚（고등어），盛產於韓國東南部的釜山周邊海域，為釜山市的市魚，煮湯、乾煎、炭烤都很好吃

명태／**明太魚**
myongtae

갈치／**刀魚**
galchi

꽁치／**秋刀魚**
kkongchi

장어／**鰻魚**
jango

꼼장어／**盲鰻**
kkomjango

병어／**白鯧**
byongo
又稱為銀鯧。

고등어／**鯖魚**
godeungo

황새치／**劍魚**
hwangsaechi

청새치／**槍魚**
chongsaechi

농어／**鱸魚**
nongo

벤자리／**石鱸**
benjari
又稱為星雞魚。

돌돔／**石雕魚**
doldom

강담돔／**斑石鯛**
gangdamdom

우럭／**石斑魚**
urok

능성어／**七帶石斑**
neungsongo
特徵身上有七條明顯的黑色條紋。

돗돔／**䰶魚**
dotttom
少見昂貴的大型魚類，台灣、韓國都有捕到大䰶魚就像中樂透的說法。

其他常見海鮮類

扇貝（가리비）
鮑魚（전복）
海腸（개불）
海螺（소라）
文蛤（조개）
海膽（성게）
海鞘（멍게）

전복
도·소매

$$\frac{1}{2}$$

1. 鮑魚（전복）
2. 蝦子（새우）

章魚、花枝、貝類、鮮蚵各類介紹，可參閱本書 P.118。

문어／**大章魚**
muno

낙지／**章魚**
nakjji

전복／**鮑魚**
jonbok

오징어／**魷魚**
ojingo

갑오징어／**花枝**
gabojingo

굴／**蚵仔**
gul

조개／**文蛤**
jogae

가리비／**扇貝**
garibi

개불／**海腸**
gaebul

새우／**蝦子**
saeu

대하／**大蝦**
daeha

딱새우／**角蝦**
ttakssaeu
又稱為小龍蝦、鐵甲蝦。

소라／**海螺**
sora

성게／**海膽**
songge

멍게／**海鞘**
mongge

해삼／**海參**
haesam

꽃게／**花蟹**
kkotkke

홍게／**紅蟹**
hongge

海鮮市場料理菜單

1	2
3	4

1. 生鮑魚（전복회）2. 烤鮑魚（전복구이）3. 生魚片（생선회）

4. 生食海鮮，也可以用生菜包著一起吃

생선회／生魚片 saengsonhwe	전복회／生鮑魚 jonbokwe	고등어구이／烤鯖魚 godeungo-gui
모듬회／綜合生魚片 modeumhwe	전복구이／烤鮑魚 jonbokkkui	갈치 부침／乾煎刀魚 galchi buchim
해물 모듬／綜合海鮮 haemul modeum	전복죽／鮑魚粥 jonbokjjuk	갈치조림／燉煮刀魚 galchi-jorim
회 백반／生魚片定食 hwe baekppan	생선구이／烤魚 saengsongui	우럭구이／烤石斑魚 urokkkui
회초밥／生魚片壽司 hwechobap	조개구이／烤鮮貝 jogaegui	새우구이／烤蝦 saeugui
회덮밥／生魚片蓋飯 hwedopppap	가리비구이／烤扇貝 garibigui	낙지볶음／炒章魚 nakjji-bokkeum

<table>
<tr><td>1</td><td>2</td></tr>
<tr><td>3</td><td>4</td></tr>
</table>

1.乾煎刀魚（갈치 부침）2.烤鯖魚（고등어구이）3.生章魚（산낙지）

4. 海腸（개불）

산낙지／**生章魚**
sannakjji

개불／**海腸**
gaebul

굴회／**生蚵**
gulhwe

곰장어구이／
鹽烤盲鰻
gomjango-gui

양념 곰장어구이／
調味烤盲鰻
yangnyom gomjango-gui

장어구이／**烤鰻魚**
jangogui

지리탕／**鮮魚湯**
jiritang

매운탕／**辣魚湯**
maeuntang

해물탕／**海鮮湯**
haemultang

홍합탕／**紅蛤湯**
honghaptang

알밥／**魚卵飯**
albap

전복죽／**鮑魚粥**
jonbokjjuk

비빔밥／**拌飯**
bibimbap

게살 비빔밥／
蟹肉拌飯
gesal bibimbap

해물 라면／**海鮮拉麵**
haemul ramyon
加料的煮泡麵。
（可參閱 P.140）

圖 1、3、4© 姚喬翊 (Joey Yao)

海鮮料理的烹煮方式

$\frac{1}{2}$ | 3　1. 調味烤盲鰻（양념 곰장어구이）2. 鮑魚粥（전복죽）3. 烤鮮貝（조개구이）

맵게／辣的
maepkke

안 맵게／不辣的
an maepkke

공기밥／白飯
gonggibap

볶음밥／炒飯
bokkeumbap

큰 것／大的
keun got

작은 것／小的
jageun got

많이／多
mani

조금／少
jogeum

날것、회／生食
nalgot、hwe

구이／烤
gui

소금구이／鹽烤原味
sogeum-gui

양념구이／醬料調味
yangnyom-gui

탕／湯
tang

찌개／鍋
jjigae
韓國式的湯鍋。

샤브샤브／鍋
syabeu-syabeu
日式小火鍋 Shabu Shabu。

죽／粥
juk

* 찜／蒸
jjim

부침／煎
buchim

튀김／炸
twigim

조림／燉
jorim

볶음／炒
bokkeum

데침／氽燙
dechim

※ 依照不同的料理，「찜」這個字，可翻譯為「蒸」或「燉」，且有可能添加辣味，完全
　不吃辣的人，建議事先跟店家詢問。（實用會話可參閱 P.248、P.249）

圖 1© 姚喬翊（Joey Yao）

第一國民主食—米飯

很多韓國人會覺得:「要吃飯才能吃飽啊!」這裡說的「飯」,沒有包含其他食物,就是專門指「米飯」。

稻米是朝鮮半島最重要的主食,對很多韓國人來說,一定要吃到米飯才行,就算是去吃烤肉,也習慣在最後點個炒飯或大醬湯(韓式味噌)+米飯,甚至在有些西式的炸雞店裡,都能看到韓國人點一碗米飯來吃。吃炸雞難道吃不飽嗎?韓國朋友說那倒也不是,但沒吃到米飯就是覺得怪,非得至少扒幾口「飯」,才會有滿足吃飽的感覺。至於被歸在點心類的吐司和麵包,哪能真正吃得飽呢?因此韓國傳統的習慣,從早餐開始就要吃米飯,這樣一整天才會有充足的力氣工作喔!

參考價位:
米飯每碗約 ₩ 1,000,炒飯每份約 ₩ 2,000 起,拌飯類、粥類每份約 ₩ 10,000 ～ 15,000 起。

🔍 韓國餐廳裡的米飯種類

用來盛裝米飯的不鏽鋼碗（P.18），應該是到訪韓國的人，除了扁筷子和湯匙之外，最常看見的餐具食器，只要去提供韓國料理的餐廳吃飯就一定會看到，儼然已經成為代表韓國的文化。但是餐廳裡的米飯，一定都是白飯嗎？

目前韓國的餐廳裡，大多數是以提供白飯為主，早前因為韓戰後稻米缺乏，1970 年代為了降低白米的使用量，除了有鼓勵麵食的政策，當時也推動吃混合穀類的米飯，有些店家延續舊習慣，或是覺得比白米更為營養，因此偶而也會遇到提供糙米飯（현미밥，玄米飯）或紫米飯（흑미밥，黑米飯）的店家。

把不鏽鋼碗前後搖晃幾下，可避免米飯沾黏，也更方便倒出來

🔍 象徵韓國的料理——拌飯（비빔밥）

如果來做個問卷調查，什麼料理最能代表韓國？相信拌飯肯定會是前幾名，甚至有第一名的氣勢。

拌飯是把各種蔬菜、肉類和調味料放在米飯上，攪拌均勻後食用的料理，原指非石鍋的碗裝拌飯。由來說法有好幾種，進貢到王宮裡的朝鮮國王故鄉美食，或是傳統祭祀的儀式結束後，把供品菜餚拌在一起食用的習俗，亦是壬辰倭亂戰爭時期的大鍋菜飯等，但無論如何，這道料理的重點都在於米飯和蔬菜，以及依據各地區的不同物產，所加入的各種肉類或海鮮，可以同時攝取到多種養分，是營養滿點的國民料理。

韓國各地有多種拌飯，其中以糧倉全羅道的全州拌飯最為有名，不僅有豐富的蔬菜，連米飯都使用牛骨湯來製作。

此外，還有守護糧倉的重要門戶——晉州的生牛肉拌飯，韓國儒生的故鄉——安東的假祭祀飯，以及海港城市——統營的鮮蚵、海鞘拌飯等。製作拌飯要使用含水量較少、粒粒分明的米飯，這樣放上各種配菜，加入適量的芝麻油和辣椒醬，在攪拌的時候，才能使味道均勻沾附在每顆米粒上，讓拌飯更加美味。

拌飯的重點在於，要把米飯和配菜攪拌均勻，這樣才是最美味的吃法

朝鮮半島的糧倉 —— 全羅道

為了適於耕作、降低成本，以農業為主的地區多是平原地形，朝鮮半島上的大面積平地，有 70％都集中在西南邊、稱為「湖南地區」的全羅道。朝鮮時代的名臣李舜臣將軍，在壬辰倭亂對抗倭寇外侵時曾說：「若無湖南，是無國家」，如果沒有湖南地區，整個國家都會陷入困境，戰爭打的不見得是兵力，更重要的是糧草，守住糧倉才能長時間對抗，因而可以看出全羅道對朝鮮半島的重要性。

現代農耕逐漸從牛隻拉車，替換成人力操作機器，大面積平原更是有利耕耘機的作業，不僅可以提升農作物的產量與收成次數，也能有效降低人力成本，讓食材的品質優良並且價格實惠。在味道與質量都提升的情況下，自然可以讓在地料理更廣受歡迎。全州當地的拌飯，之所以能名揚國際，除了是朝鮮國王的故鄉飲食，更重要的是那份豐富扎實的美味。

※ 古代為全羅道，朝鮮時代已分為全羅北道、全羅南道，但兩個道共稱為湖南地區。

無可取代的美味 —— 全州拌飯（전주비빔밥）

如果問全州當地人，哪家餐廳的拌飯最好吃，全州人會很有自信地回答：「隨便哪一家都好吃！」千萬不要覺得他是在臭屁吹牛，因為這裡的餐點是真的每家都有一定水準。雖然韓國各地都能找到提供全州拌飯的餐廳，但全州和周邊地區就是食材產地，又是拌飯的發源地，同樣的花費，在全州就是能吃到更滿足味蕾的享受。

全州拌飯的製作方式，先用牛肉牛骨熬煮的高湯來煮白飯，加入黃豆芽菜悶飯一段時間，之後把多樣稍微炒或汆燙的切絲時令蔬菜放在米飯上，例如：蕨菜、香菇、菠菜、茼蒿、水芹菜、紅蘿蔔等，以及切絲的雞蛋皮和黃涼粉，再放上牛肉絲，最後淋上芝麻油、打上生蛋黃，和多樣豐富的小菜一起端上桌。吃之前要記得攪拌，或是可請店家幫忙，攪拌均勻真的會更好吃唷！

🔍 好想偷吃肉 —— 安東假祭祀飯（안동 헛제삿밥）

「假祭祀飯」就是假的祭祀料理；朝鮮時代糧食不足，只能在祭拜祖先或神明之後，才能吃到祭祀過的魚、蛋和肉類，有些安東的儒生（書生），為了想在平時吃到肉，使用與祭祀飲食的相同食材，偽裝製作成祭祀菜色的拌飯，因此有一說法，韓國的拌飯料理是由安東假祭祀飯演變而來。因為是偽裝成祭祀飯菜，所

以相較於其他地區的拌飯，安東假祭祀飯整體顏色較暗淡，把牛肉、烤鯖魚等肉類，以及豆腐、水煮蛋、煎餅等放在祭祀用的黃銅盤上，用大碗裝著蘿蔔、菠菜、海帶、蕨菜、白菜葉、豆芽菜等，要吃的時候再把白飯倒在菜碗裡，加點辣椒醬或醬油一起拌著吃。

🔍 可以喝到鍋巴湯 —— 鐵鍋拌飯（가마솥 비빔밥）

如果店員上菜的時候，在每個人面前都放了一鍋一碗，這不是上錯菜，而是要先把米飯從鐵鍋（或石鍋）盛到菜碗裡，記得要在鍋底留一些米飯。通常桌上會有熱水壺，把適量熱水倒入鐵鍋裡，蓋上鍋蓋悶一下，然後把菜碗裡的米飯和蔬菜攪拌均勻來吃，等拌飯吃完之後，鐵鍋裡就會有口味清爽的溫熱鍋巴湯可以喝喔！

1	
2	3

1. 在鐵鍋裡加入熱水或熱茶悶一下，可以喝到清爽的鍋巴湯 2.3. 有些店家會採用石鍋煮飯，可參閱下頁介紹

🔍 迷人的焦香味 —— 石鍋拌飯（돌솥비빔밥）

以往韓國人吃拌飯的時候，配菜大多已經是涼的，即使米飯還有些溫熱，但經過攪拌溫度也會快速下降。現代常見的石鍋拌飯，據說是從農村鄉下開始，在伺候長輩用餐完畢，媳婦自己要吃飯的時候，為了加熱飯菜，使用爐灶上燒著的鍋子來盛裝，雖然因為擺放過久而使底部的米飯燒焦，但卻意外發現好吃的焦香味，後來演變成現在的石鍋拌飯。

🔍 拌飯去掉肉類就是素食嗎？

如前所述，韓國有些地方在製作拌飯的時候，是用肉類高湯來煮飯，所以即使請店家不要放看得到的肉類或海鮮，從米飯開始就可能是葷食，吃素的人去韓國用餐要多留意，若有疑問可參閱 P.199 素食單元詢問店家。

圖 2◎ 加小菲愛碎碎唸

🔍 生病不舒服要去吃 —— 粥（죽）

古代的農業社會，把白米、糙米等穀物磨碎，和肉、蔬菜一起混合烹煮，是吃粥的由來。韓國的粥和台灣鹹稀飯不太一樣，多半是將米粒先碾碎，煮過之後會呈現濃稠的糊狀，幾乎看不太到完整米飯的樣子，煮粥的配料也幾乎都是磨碎或切得很小塊。因為營養又好消化吸收，並且不太需要咀嚼，適合老人、病人和小孩食用，藉以補充體力。以往韓國人多是身體不舒服，如：感冒、發燒、拉肚子的時候，會選擇去吃粥，現在則是想吃清淡食物或補養身體時也會食用粥品。

$\frac{1}{2}$　1. 鮑魚粥（전복죽） 2. 蔬菜粥（야채죽）

1 | 2
3 | 4

1. 傳統市場攤位販售的各種口味年糕 2. 買炸雞附送的炸年糕 3. 傳統原味的烤年糕 4. 烤年糕通常會沾蜂蜜或糖漿來吃

🔍 傳統味的糯米點心 —— 年糕（떡）

年糕以糯米粉製作，是朝鮮半島上的傳統食物。雖然沒有明確記載起源，但是從日常生活器具的演進來看，推測是出現於朝鮮半島的三國時代（高句麗、新羅、百濟），因為有青銅器可以輔助製作，所以年糕開始盛行。

將糯米糰敲打搓揉成為長條狀年糕，有代表長壽的含義，切成橢圓片狀的年糕片，則是象徵銅錢，韓國人的傳統習俗，要在新年早上吃年糕湯（P.152），而中秋節傳統常吃的「松餅」（송편），也是年糕類的食物。

現代韓國人吃年糕，通常飲食店、小吃攤最常見的白年糕，是炸雞、辣炒年糕使用的長條圓形，以及年糕湯、雪濃湯（P.94）、排骨湯（P.94）裡的片狀年糕。此外在傳統市場，也有包或沾不同配料，如：紅豆、栗子、堅果、黃豆粉等，或是摻入菠菜、南瓜、紅蘿蔔等的汁液，揉合成不同顏色的年糕。

肉類、蔬菜類拌飯菜單

1 | 2
3 | 4

1. 拌飯（비빔밥）2. 黃銅碗拌飯（놋그릇 비빔밥）3. 鐵
鍋拌飯（가마솥 비빔밥）4. 山菜拌飯（산채비빔밥）

因為煮飯的時候，多會使用牛肉牛骨熬製的高湯，因此專門提供全州拌飯的店
家，多會同時販售其他牛肉類的料理，例如：排骨湯、辣牛肉湯、生牛肉等。
以下菜單的拌飯，可以詢問店家是否能換成石鍋拌飯（價位可能略有差異）。

비빔밥／**拌飯**
bibimbap
基本是指非石鍋的
碗裝拌飯。

가마솥 육회 비빔밥／
鐵鍋生牛肉拌飯
gamasot yukwe bibimbap

한우 육회／
韓牛生牛肉
hanu yukwe

놋그릇 비빔밥／
黃銅碗拌飯
notkkeureut bibimbap

인삼 비빔밥／
人蔘拌飯
insam bibimbap

야채 비빔밥／
蔬菜拌飯
yachae bibimbap

돌솥비빔밥／
石鍋拌飯
dolsot-ppibimbap

한우 육회 비빔밥／
韓牛生牛肉拌飯
hanu yukwe bibimbap

산채비빔밥／
山菜拌飯
sanchae-bibimbap

가마솥 비빔밥／
鐵鍋拌飯
gamasot bibimbap

육회 비빔밥／
生牛肉拌飯
yukwe bibimbap

육회／**生拌牛肉**
yukwe

海鮮類拌飯菜單

1	2	3
4	5	

1. 鮑魚拌飯（전복 비빔밥）2. 海膽拌飯（성게 비빔밥）3. 鮑魚鮮蝦章魚拌飯（전복 새우 문어밥）4. 海鞘拌飯（멍게 비빔밥）5. 魚卵拌飯（알 비빔밥）

韓國靠海的城市，如：釜山、統營等，常見以海鮮作為拌飯的主要食材。以下菜單的拌飯，可以詢問店家是否能換成石鍋拌飯（價位可能略有差異）。

전복 비빔밥／
鮑魚拌飯
jonbok bibimbap

굴 비빔밥／鮮蚵拌飯
gul bibimbap

낙지 비빔밥／
章魚拌飯
nakjji bibimbap

새우 비빔밥／
鮮蝦拌飯
saeu bibimbap

전복 낙지 비빔밥／
鮑魚章魚拌飯
jonbok nakjji bibimbap

전복 새우 비빔밥／
鮑魚鮮蝦拌飯
jonbok saeu bibimbap

전복 송이 비빔밥／
鮑魚松茸拌飯
jonbok songi bibimbap

회 비빔밥／
生魚片拌飯
hwe bibimbap

알 비빔밥／魚卵拌飯
al bibimbap

멍게 비빔밥／
海鞘拌飯
mongge bibimbap

성게 비빔밥／
海膽拌飯
songge bibimbap

圖 3©Windko。臺灣／韓國／旅遊美食生活、圖 5© 萍萍的美食記錄網

粥類菜單

1｜2｜3　1.鮑魚粥（전복죽）2.不落粥（불낙죽）：烤牛肉章魚粥 3.粥除了內用也能外帶，通常是微波用盒裝可加熱

本篇收錄韓國知名連鎖店「本粥」（본죽）的部分菜單，另有主食材加量的選擇，其他類似店家亦可應用。

本粥

불낙죽／**不落粥**
bulrakjjuk
烤牛肉章魚粥。

전복죽／**鮑魚粥**
jonbokjjuk

자연 송이 쇠고기죽／
自然松茸牛肉粥
jayon songi swegogijuk

삼계죽／**蔘雞粥**
samgyejuk

삼계 전복죽／
蔘雞鮑魚粥
samgye jonbokjjuk

홍게 품은 죽／
紅蟹腿肉粥
hongge pumeun juk

쇠고기 버섯죽／
牛肉香菇粥
swegogi bosotjjuk

쇠고기 미역죽／
牛肉海帶粥
swegogi miyokjjuk

쇠고기 야채죽／
牛肉蔬菜粥
swegogi yachaejuk

야채죽／**蔬菜粥**
yachaejuk

참치 야채죽／
鮪魚蔬菜粥
chamchi yachaejuk

매생이 굴죽／
海藻鮮蚵粥
maesaengni guljuk

해물죽／**海鮮粥**
haemuljuk

새우죽／**鮮蝦粥**
saeujuk

버섯 굴죽／
香菇鮮蚵粥
bosot guljuk

잣죽／**松子粥**
jatjjuk

동지팥죽／
冬至紅豆粥
dongji-patjjuk
韓國的紅豆粥，基本口味是鹹的！（可參閱 P.204）

단호박죽／**南瓜粥**
danhobak-jjuk

흑임자죽／**黑芝麻粥**
heungnimja-juk

녹두죽／**綠豆粥**
nokttujuk

흰죽／**白粥**
hinjuk

第二國民主食─麵食

麵食在韓文裡稱為「분식」（粉食）。所謂的「粉」，最早指的是麵粉，1950 年韓戰爆發後，韓國人的主食稻米缺乏，為了解決糧食不足的問題，韓國政府陸續推出多種政策，其中之一就是鼓勵民眾，改以麵粉製作的料理為主食，現在市場裡常見的平價手工刀切麵、麵疙瘩和餃子，就是當時衍伸出的食物，後來「粉食店」才逐漸演變成專賣小吃類餐點的店家。平價麵食的湯底口味，在韓國各地會有不同，但大多以海鮮高湯為主。手工刀切麵 Q 彈有嚼勁，並且相對實惠、富飽足感，是經濟用餐的好選擇。

參考價位：
各種麵類每碗約 ₩ 5,000 ～ 10,000 起，餐廳加點的麵類會較便宜，蒸餃、包子每籠／份約 ₩ 5,000 起。

有代表長壽的含義——喜麵、宴會麵（잔치국수）

　　韓國的麵食，多以蕎麥製作的麵粉為食材，可是蕎麥的延展性較差、容易斷裂，所以大多是做成刀切麵、麵疙瘩，以麵體較粗的樣式來吃。但韓國部分地區的位置，擁有天然風乾的良好條件，改用延展性較佳的小麥為原料做成麵粉，加水揉成麵團後可以拉長延伸，能做成更細的麵條，再以吊掛的方式風乾，或是現代的工廠會改以機器來處理。由於以前是昂貴食材做成的食物，並且長長的白麵條綿延不絕，有代表長壽的含意，被使用在宴會上來招待客人，所以稱為「잔치국수」（喜麵、宴會麵），也就是湯麵線。

1 | 2 | 3　1. 辣拌麵（비빔국수），麵線也可做成辣味涼拌的樣式 2.3. 有些新式餐廳也會有湯麵線的套餐

圖 1©PK 的吃吃喝喝筆記本、圖 2 ／ 3©Mint x Korea 旅遊紀錄 & 生活雜記分享

老闆騙我！是泡麵啊！

　　「怎麼是泡麵呢？看菜單點的是拉麵啊！」在韓國的餐廳裡，如果看中文菜單點了「拉麵」（라면），那就會是端來煮泡麵，因為它在韓文裡的確是叫「拉麵」；發音與中文的拉麵極為相似，但樣式與日本拉麵不同，而是一般台灣人認知的泡麵。雖然還是有其他說法，或是更早先已有類似的食品，但是現在的「泡麵」，一般公認是源自於日本，1958 年由日清食品公司研發。

1 | 2

1. 煮泡麵（라면）2. 韓國的同一款泡麵，袋裝麵體較粗，一定要用煮的才好吃，杯裝則是用熱水沖泡即可

二戰後日本因糧食不足而接受美國的援助，當時進口的糧食裡有大量麵粉，但對於以米飯為主食的日本人來説，吃麵食無法有完整飽足感，而且生麵的含水量較高，保存時間太短容易腐壞，於是以油炸天婦羅的概念，開發出用模具製作的油炸麵條，不僅能大量快速生產，麵條中因為水分減少，也可有效延長保存期限。另外，麵條經過油炸，也會產生引起食慾的香味。

泡麵的製作技術於 1963 年傳入韓國，三養食品公司推出韓國最早的「三養拉麵」（삼양라면），名稱來自日本日清公司最初的產品「日清雞湯拉麵」（チキンラーメン）（又稱小雞拉麵），並直接稱之為「라면」（拉麵）。當時為了解決稻米供應量不足的問題，韓國也進口了大量的美援麵粉，政府推出獎勵吃麵食的政策，成功提升麵粉的使用量，泡麵因此逐漸普及於韓國人的日常生活中，成為不可或缺的食品。

韓國「拉麵」最初是袋裝，因為麵體較粗，要把麵煮軟才能吃，而為了加速鍋體導熱，所以常會使用黃銅鍋來煮。但隨著杯裝樣式出現，不用滾水煮，而是將熱水倒入杯中即可，因此即便是同一種口味，韓國杯裝泡麵的麵體，也會比袋裝的較細一些，如此會更容易泡軟。煮泡麵的時候，韓國人多會加入雞蛋和蔥花，或是加起司來調味，搭配泡菜和醃蘿蔔一起吃。為了更提升飽足感，也會加年糕和餃子，或是先把泡麵煮好，跟辣炒年糕一起拌炒來吃，稱為「라볶이」（拉麵辣炒年糕）。（泡麵相關菜單可參閱 P.194）

辛拉麵（신라면）
韓國常年銷售量
第一的冠軍泡麵。

三養拉麵
（삼양라면）
韓國的元祖泡麵，
幾乎不會辣。

安城湯麵
（안성탕면）
味道微微小辣或
幾乎不辣。

純泡麵
（라면사리）
沒有粉包，湯類
和火鍋可用。

台灣常見可買到的韓國泡麵

麵條、麵疙瘩
국수、수제비

　　把麵團以不同樣式，放入熱湯裡煮熟來吃，雖然沒有確切的記錄，但是從製作過程的容易度來推測，朝鮮半島人應該從數百年前就開始吃麵食。但由於米飯才是主食，且麵粉是很昂貴的食材，所以麵食並非主流，直到第二次世界大戰爆發，主食稻米缺乏，韓國進口大量的美國援助麵粉，並推動以麵食代替米飯，因此將麵團擀平切成條狀的「刀切麵」，以及把麵團撕成小塊的「麵疙瘩」，成為一般人常會吃到的食物，尤其在傳統市場裡特別常見。這類的麵食，大多以海鮮湯底為主，或者也有肉類高湯（牛、豬皆有可能）的在地口味。

刀切麵、麵疙瘩菜單

1	2	3	4
5	6	7	8

1. 傳統市場的刀切麵，大多是現做現煮，口感有嚼勁 2. 吃刀切麵很有飽足感，是高 CP 值的用餐選擇 3. 海鮮刀切麵（해물 칼국수）4. 泡菜刀切麵（김치 칼국수）5. 辣味刀切麵（얼큰 칼국수）6. 海鮮麵疙瘩（해물 수제비）7. 辣味麵疙瘩（얼큰 수제비）8. 吃刀切麵、麵疙瘩時，可以加入紫菜、泡菜、辣蘿蔔等調味

칼국수／**刀切麵**
kalgukssu
傳統市場裡的基本選項。

얼큰 칼국수／
辣味刀切麵
olkeun kalgukssu
傳統市場裡的基本選項。

해물 칼국수／
海鮮刀切麵
haemul kalgukssu

김치 칼국수／
泡菜刀切麵
gimchi kalgukssu

들깨 칼국수／
紫蘇刀切麵
deulkkae kalgukssu

비빔 칼국수／
辣拌刀切麵
bibim kalgukssu

팥 칼국수／
紅豆刀切麵
pat kalgukssu
與冬至紅豆粥一樣是
鹹口味。（可參閱 P.204）

옹심이 칼국수／
糯米糰刀切麵
ongsimni kalgukssu

만두 칼국수／
餃子刀切麵
mandu kalgukssu

냉칼국수／**刀切冷麵**
naeng-kalgukssu

칼제비／
麵疙瘩＋刀切麵
kaljebi

곱배기／**雙倍**
gopppaegi
麵食店裡點餐時，麵量
加倍的意思。

수제비／**麵疙瘩**
sujebi

얼큰 수제비／
辣味麵疙瘩
olkeun sujebi

해물 수제비／
海鮮麵疙瘩
haemul sujebi

김치 수제비／
泡菜麵疙瘩
gimchi sujebi

들깨 수제비／
紫蘇麵疙瘩
deulkkae sujebi

매생이 수제비／
海藻麵疙瘩
maesaengni sujebi

其他常見麵條菜單

1	2	3
4	5	6

1.2. 烏龍麵（우동）3.4. 辣拌韓式 Q 麵（비빔 쫄면）5. 炸醬麵（짜장면）6. 水麥麵（물 밀면），與水冷麵相似。（可參閱 P.149）

국수／**麵條**
gukssu

비빔 국수／**辣拌麵條**
bibim gukssu

냉면／**冷麵**
naengmyon
以蕎麥粉混合馬鈴薯粉製作。（可參閱 P.149）

우동／**烏龍麵**
udong

비빔 우동／
辣拌烏龍麵
bibim udong

잔치국수／
喜麵、宴會麵
janchi-gukssu
湯麵線，
有時也會做成辣拌麵。

메밀국수／**蕎麥麵**
memil-gukssu

쟁반국수／
大盤蕎麥麵
jaengban-gukssu
加入蔬菜和辣醬的涼拌麵。

열무국수／
辣蘿蔔拌麵
yolmu-gukssu
使用醃漬辣味蘿蔔的
湯汁為底。

쫄면／**韓式 Q 麵**
jjolmyon

비빔 쫄면／
辣拌韓式 Q 麵
bibim jjolmyon

쫄면 국수／**湯韓式Q麵**
jjolmyon gukssu

당면／**韓式冬粉**
dangmyon
雖然不是以麵粉製作，但
有時候會在同家店出現。

비빔 당면／
辣拌韓式冬粉
bibim dangmyon

당면 국수／
湯韓式冬粉
dangmyon gukssu

콩국수／**豆汁麵**
konggukssu
類似豆漿的湯底，通常會
加入芝麻、小黃瓜絲。

냉콩국수／**豆汁冷麵**
naeng-kong-gukssu
豆汁麵再加入冰塊。

짜장면／**炸醬麵**
jajangmyon
（可參閱 P.183）

餃子、包子
만두、왕만두

　　在韓文的用法裡，不管餃子或包子，只要是用麵皮包著餡料的食物，都稱為「만두」（發音似饅頭），再依照料理方式或體積大小的不同，而有其他分辨的名稱。對韓國人來說，餃子、包子基本上是一樣的食物，因為與刀切麵、麵疙瘩都是麵食，所以常會在同一家店裡出現。其中最常見的是蒸餃，走在傳統市場裡，遠遠看到某個攤位前一股白煙冒出，那多半是客人點了蒸餃，店員把蒸爐蓋子打開的時候。或是在小巷裡的路邊，也可以看到蒸餃包子的專賣店，特別是在冬天，吃熱呼呼的蒸餃和肉包子，更是溫暖上心頭啊！

是餃子？是包子？

　　跟點「拉麵」來的是泡麵一樣，在韓國如果說要點「饅頭」，上來的會是餃子喔！韓文的「만두」，來自中文的「饅頭」（蠻族人的頭），發音與「饅頭」類似，一般泛指用麵團做成麵皮，然後包著餡料，再蒸或煮熟的食物。朝鮮半島最早有記錄的是在高麗時期，但「만두」一詞則是在17世紀才傳入，當時明朝的使節到訪朝鮮，「만두」是某次宴席上的特別料理。依據「만두」的內餡與製作方法，又被細分為不同的樣式，例如：「왕만두」（肉包）的第一個字「왕」（王），除了是姓氏和名詞，對食物來說也是形容詞，指體積「大的」意思，所以在韓文裡，「왕만두」為大的餃子，實際上指的就是肉包。

※ 一般若無特別說明，餃子和肉包通常是豬肉（P.75）內餡，若擔心誤食自己不吃的肉類，可使用本書「單一料理專門店」（P.67）相關頁面單字做確認。

만두／餃子／包子
mandu

물만두／水餃
mulmandu

군만두／煎餃
gunmandu

찐만두／蒸餃
jjinmandu

왕만두／肉包
wangmandu

🔍 紅豆餡的代表——蒸包（찐빵）

韓國麵食包子店菜單上的「蒸包」，除非有特別寫明，不然基本上都是紅豆餡，而且賣豆沙包的店家，幾乎也提供各類餃子。對韓國人來説，無論是甜或鹹口味，豆沙包和餃子是同一系列的食物，但是，蒸包雖然外觀像包子，名稱卻是「찐」（蒸的）＋「빵」（麵包）。

類似韓國蒸包的甜食，據傳是日本僧人從中國帶回日本。但最早是包肉餡，為了在寺廟裡食用，改以紅豆替代成為「あんまん」（豆沙包），在日據時代傳入朝鮮半島。後來隨著美軍登陸，雖然獲得美國援助的麵粉，但因為缺乏料理的器具，西式麵包仍是屬於高級昂貴的食物，一般人大多只能吃到豆沙包，而因為與麵包的外觀類似，所以把豆沙包稱為「찐빵」（蒸的麵包）。

之後有食品公司創造出另類名稱，以「호」（呼）的熱呼呼，取代「찐」（蒸的），推出稱為「호빵」的袋裝包子，並開發多樣口味，如：地瓜、南瓜、奶油起司、各種鹹＆辣味，把原本的外食，變成也可以自己蒸的包裝食品，讓一般家庭能購買，在想吃的時候，隨時加熱就可以方便吃到熱呼呼的蒸包。

麵食店販售的蒸包，大多數都是以紅豆沙為內餡，若為黃色外皮，則是以添加南瓜的麵團來製作

餃子、包子菜單

1	2	3
4	5	6

1. 蒸餃（찐만두）、泡菜餃子（김치 만두）2. 鮮蝦蒸餃（새우 찐만두）
3. 湯餃（만두국）4. 韭菜蒸餃（부추 찐만두）5. 排骨肉蒸餃（갈비 찐만두），肉餡可能會稍微有甜味 6. 馬鈴薯蒸餃（감자 찐만두），以馬鈴薯粉製作外皮，吃起來有 QQ 的口感

찐만두／蒸餃
jjinmandu

군만두／煎餃
gunmandu

만두국／湯餃
manduguk

물만두／水餃
mulmandu

김치 만두／泡菜餃子
gimchi mandu

새우 찐만두／
鮮蝦蒸餃
saeu jjinmandu

부추 찐만두／
韭菜蒸餃
buchu jjinmandu

갈비 찐만두／
排骨肉蒸餃
galbi jjinmandu

감자 찐만두／
馬鈴薯蒸餃
gamja jjinmandu

비빔 군만두／
辣拌煎餃
bibim gunmandu

비빔 찐만두／
辣拌蒸餃
bibim jjinmandu

탕수 만두／糖醋餃子
tangsu mandu

고기 왕만두／肉包子
gogi wangmandu

떡 만두국／年糕湯餃
ttok manduguk

해물 만두국／
海鮮湯餃
haemul manduguk

冷麵
냉면

　　現在的冷麵，是韓國人非常喜歡的解熱飲食，搭配清涼爽口的酸味湯汁，加上肉片、蔬菜和蛋絲，在炎熱夏日來上一碗，會讓人頓時感到透心涼。不過以前的人，卻是在冬天吃冷麵的喔！

　　冷麵最早有記錄，是從朝鮮時代末期的平壤（位於北韓）開始。以前的低溫設備不發達，只有冬天才能吃到加了冰塊的食物，承襲「以熱治熱」的飲食概念，「以冷治冷」也是同樣原理，在天冷時吃冰涼的食物，到戶外才不會覺得太冷。

　　「冷麵」的麵條，以蕎麥粉混合馬鈴薯粉製成，不同於純蕎麥製品，口感Q彈且不易斷裂，將麵條放入冰涼的蘿蔔水泡菜（有酸味湯汁）裡來吃，而後經不同地區的變化，陸續出現相異的做法。釜山地區把蕎麥替換成延展性更好的小麥，名稱改為「麥麵」，麵體稍粗一些，吃起來更有嚼勁。此外，韓國冷麵在製作的時候，湯底通常是以牛肉、牛骨來熬製，不吃牛的人要多留意喔！

🔍 吃冷麵時的剪刀和熱湯

　　由於冷麵的特性是不易斷裂，並且吃冷麵也被賦予「吃麵長壽」的用意，所以製作時不會把麵條切斷。而最初吃冷麵的時候，原本也不會先剪斷，是後來為了食用方便，並且節省廚房的作業時間，才開始隨餐附上剪刀，由客人依照口感習慣的不同來剪斷。此外，因為吃冷食容易引起胃部不舒適的感覺，所以在專賣店裡吃冷麵，通常都會提供免費的飲用熱湯來暖胃。

$\frac{1}{2}$　1.冷麵專賣店裡，都會提供暖胃用的熱湯 2.吃麵之前依照個人習慣，先用剪刀把麵剪開

圖 © 姚喬翊（Joey Yao）

冷麵相關菜單

1 | 2
3 | 4

1. 水冷麵（물냉면） 2. 辣拌冷麵（비빔냉면） 3. 水麥麵（물밀면），與冷麵類似，但麵體更有嚼勁，為釜山地區的特色麵食 4. 辣拌麥麵（비빔밀면），與辣拌冷麵類似

냉면／冷麵
naengmyon
以蕎麥粉混合馬鈴薯粉
製作麵條。

물냉면／水冷麵
mul-raengmyon
有酸口味的湯，
基本上不太辣。

비빔냉면／辣拌冷麵
bibim-naengmyon
湯汁很少，
會加入辣醬，涼拌冷食。

밀면／麥麵
milmyon
以小麥粉製作，
口感更有嚼勁。

물 밀면／水麥麵
mul milmyon

비빔 밀면／辣拌麥麵
bibim milmyon

메밀 막국수／蕎麥麵
memil makkkukssu
以蕎麥粉製作，
口感較軟一些。

**물 메밀국수／
蕎麥冷麵**
mul memil-gukssu

**비빔 메밀국수／
辣拌蕎麥麵**
bibim memil-gukssu

회냉면／生魚片冷麵
hwe-naengmyon

**회 비빔냉면／
生魚片辣拌冷麵**
hwe bibim-naengmyon

圖 3、4© 姚喬翊（Joey Yao）

피크닉 가방을 무료 증정합니다.
(주문당 1회 한정)
www.hg-food.com
요리펑
HIT 3,000원

名氣響噹噹國民美食

在規劃韓國之旅的時候，你會不會以「吃美食」來當作旅行的主軸？逛景點對你來說只是散步消化，真正的目的是要吃遍韓國的各類美食！

本書前面介紹過的烤肉、炸雞、海鮮等，大多各自有專賣的餐廳，想吃什麼就去那類的店家，但是有些很出名的韓國美食，常常可以聽到看到，韓劇、韓綜裡也經常會出現，但就像早期的海帶湯（P.103）那樣，幾乎很少有專賣店，而是隱身在各類美食店家裡，這篇整理出幾種這樣的料理，提醒大家可以安排在你的韓國美食之旅喔！

參考價位：
本類餐點包含範圍較大，建議每樣預算約₩ 5,000～12,000 起。若為正餐，每餐預算約₩ 10,000～20,000 起。

🔍 知名家常料理──炒雜菜（잡채）

　　現在的炒雜菜，指的是炒韓式冬粉，但是最早的雜菜料理沒有冬粉，依照字面上來說，是「雜」集各式蔬「菜」的意思。據說是從古代的宮廷料理而來，宮人特別為了君王，將各式蔬菜調味拌製而成的料理，由於口味獨特深受君王喜愛，因而開始廣為流傳。一直到 1900 年代冬粉傳入朝鮮半島後，才開始被加到雜菜裡一起拌炒，藉以增加飽足感。相較於台灣的粉絲，韓式冬粉以地瓜粉製作，不僅體積較粗，口感也更為 Q 彈，進入韓國市場後快速取代蔬菜，變成雜菜裡的主要食材。

🔍 開動前先搖一搖──傳統便當（옛날 도시락）

　　這個用鐵盒來裝盛的傳統便當，是 1980 年代韓國人的共同回憶。在空調設備（暖氣）與保溫工具普及之前，學校的教室中央，都會有一個煤炭暖爐，上面會被學生們堆上滿滿的四方形白口鐵便當盒，當中午要吃飯的時候，因為只有從底部加熱，整體溫度不平均，所以大家會習慣性的去搖晃便當，讓裡面的飯菜都能熱熱的。一直流傳到現代，大家在吃這樣的復古便當時，雖然都是熱呼呼的，但還是習慣先搖晃一下，形成另類的樂趣。

$\dfrac{1}{2}$　1. 鮮蚵年糕湯（굴떡국）2. 雪濃湯有時也會加年糕片

🔍 吃了大 1 歲──年糕湯（떡국）

　　韓國與年紀有關的飲食文化，除了生日當天要喝海帶湯（P.103），韓國人在新年的第一天早上，也有吃年糕湯的習俗。剛做好的長條年糕代表長壽，而煮湯的切片年糕，則是象徵銅錢，有希望財運亨通的含義，而新年喝碗年糕湯，也代表年紀又多了 1 歲。

　　韓國的年糕湯，以清爽的鹹口味湯底為主，依照各地區的習慣和地理位置，會使用不同的肉類或海鮮來煮高湯。通常飯捲天國（P.189）的輕食類會有年糕湯，也可選年糕餃子湯，排骨湯（P.94）裡大多都會加年糕片，或是雪濃湯（P.94）也有加年糕片的選項。

⚲ 傳統酒的下酒菜 —— 豆腐泡菜（두부김치）

把黃豆製品當成食物，在朝鮮半島上歷史已久。韓戰後物資缺乏，以黃豆製成的豆腐，不僅價格便宜、保存期限較長，相對於當時昂貴的牛奶和雞蛋，豆腐更是絕佳的蛋白質攝取來源。此外，豆腐不含乳糖和膽固醇，對於喝牛奶會過敏，或是有乳糖不耐症的患者來說，是很好的代用食品。

將豆腐稍微煮過，單吃味道過於清淡，搭配酸味泡菜或辣炒豬肉一起吃，呈現出不同的層次口感。對於戰後窮苦的人民來說，喝著傳統的冬冬酒、馬格利（P.179）濁米酒，豆腐泡菜是很經濟實惠又美味的下酒菜。

⚲ 營養滿分的配菜 —— 蒸蛋（계란찜）、雞蛋捲（계란말이）

雖然沒有確切的起源，但多數說法，韓國的蒸蛋和雞蛋捲是在朝鮮時代，由日本傳入的食物，逐漸演變成韓國人喜歡的口味和樣式，在很多韓國料理餐廳裡都可以點到。除了基本口味之外，最常見的是加起司，或是加入海鮮配料，熱呼呼又營養滿分，並且口味清爽大眾化，是很常見的搭餐配菜。有些店家蒸蛋和雞蛋捲的美味，人氣甚至超過主餐，會有專門慕名而去的饕客呢！

1 | 2

1. 蒸蛋（계란찜）
2. 雞蛋捲（계란말이）

153

煎餅
전

韓國人吃煎餅時，最常喝的是傳統冬冬酒、馬格利（P.179）濁米酒

　　煎餅是朝鮮半島上的傳統小菜，從古代宮廷配餐開始，因為製作方式容易，所以廣為流傳到民間，成為百姓生活中的日常料理。韓國式的煎餅，依據不同的食材配料，大致上可分為五大類：海鮮類、肉類、貝類、蔬菜類、花類，其中最常見的，當然就是所謂的蔥煎餅，特別是放有章魚、鮮蝦、魷魚等的海鮮蔥煎餅，在很多料理店菜單上都能看到，完全就是國民料理的代表。此外，因為覺得在製作煎餅的時候，火爐鐵盤上發出的油煎滋滋聲，和下雨時的聲音相似，所以每當下雨天的日子，就有特別多韓國人會習慣想去吃煎餅。

🔍 名牌御膳料理 —— 東萊蔥煎餅（동래 파전）

　　釜山位於朝鮮半島東南部，是韓國最大的海港城市，舊稱為「東萊」，古代是蔥的重要產地。蔥煎餅是韓國常見的國民料理，通常使用麵粉製作，但釜山地區習慣以糯米和粳米粉來增加口感。朝鮮時代東萊的蔥煎餅，為進貢給國王的御膳料理，一直是韓國蔥餅界的名牌。與台灣的蔥油餅不同，韓國蔥煎餅的麵糊比例較低，用整把未切過的青蔥當底，加入各種海鮮作為配料，起鍋前淋上蛋汁，吃之前再剪成小塊，可當作正餐或下酒菜。通常會搭配燒酒或馬格利酒（P.179），如此是最道地的韓式吃法。

1 | 2

1. 韓式蔥煎餅的靈魂主角，就是溫和不嗆辣的青蔥　2. 最常見的海鮮蔥煎餅配料，包含章魚、蝦子和鮮蚵

🔍 祭祀料理的陪襯 —— 綠豆煎餅（녹두빈대떡）

　　最早是祭品菜色，後當作肉類食物的襯底，主人用餐完後，將綠豆煎餅分給傭人或窮人，因此也稱為「빈자병」（貧者餅），演變到現在，成為韓國傳統市場裡的平民小吃。在磨好的綠豆泥裡，攪拌加入泡菜、大蔥和豆芽菜等配料，製作成厚厚的煎餅，在鐵板上不停翻動，直到煎餅外觀變成金黃色起鍋，通常會有綠豆煎餅（녹두빈대떡）和綠豆肉煎餅（고기 빈대떡）這兩種。單吃或沾醬吃各有不同口感味道，吃點醬料內的洋蔥片還可解油膩喔！

煎餅類菜單

1	2
	3
4	5	6

1. 海鮮蔥煎餅（해물파전）2. 辣椒煎餅（고추전）3. 南瓜煎餅（호박전）4. 綠豆煎餅（녹두빈대떡）5. 綠豆肉煎餅（고기 빈대떡）6. 蕎麥煎餅（메밀전병）

파전／蔥煎餅
pajon

해물파전／
海鮮蔥煎餅
haemul-pajon

동래 파전／東萊蔥煎餅
dongnae pajon

낙지 파전／章魚蔥煎餅
nakjji pajon

오징어파전／
魷魚蔥煎餅
ojingo-pajon

녹두빈대떡／綠豆煎餅
nokttu-bindaettok

고기 빈대떡／
綠豆肉煎餅
gogi bindaettok

메밀전병／蕎麥煎餅
memil-jonbyong

부추전／韭菜煎餅
buchujon

부추파전／韭菜蔥煎餅
buchupajon

호박전／南瓜煎餅
hobakjjon

고추전／辣椒煎餅
gochujon

모듬전／綜合煎餅
modeumjon
小塊的各種類蔬菜、魚肉、肉類等煎餅。

泡菜

김치

1 | 2 / 3　1. 泡菜不只是小菜，也可以是湯鍋的主角 2. 除了泡菜，醃辣蘿蔔（깍두기）也是很常出現的小菜 3. 韓國餐廳的小菜基本組：泡菜（김치）、辣蘿蔔（깍두기）、辣椒（고추）、洋蔥（양파）、大蒜（마늘）

　　泡菜是朝鮮半島最具代表性的發酵食品，從數千年前有農業開始，人們發現把蔬菜泡在裝有海水的罈子裡，經過醃漬會開始產生酸味，藉此可以延長保存期限。以往因為高緯度氣候與食物不易保存等因素，多是以當季蔬菜來做泡菜，越北部的氣溫越低，食材腐壞速度較慢，因此泡菜就越不辣，反之南部則會使用大量的鹽或辣椒來醃泡菜。但以現在的情況來說，泡菜的季節性與地域性差異已經較不明顯，並且除了吃飽，大家更注意到的是，泡菜所含有的營養成分，因此不只是小菜湯鍋，也多有以泡菜來製作的家常料理。

泡菜一定是素食嗎？

因為多是以蔬菜來製作泡菜，所以會讓有些人誤以為是素食。但是製作泡菜的時候，不只是會一層一層的抹上鹽和辣椒粉，通常還會加入蝦醬來調味，有些也會與各類海鮮一起醃漬，所以一般韓國市面上的泡菜幾乎都是葷食，要特別找素食餐廳或店家，才能買到真正的素食泡菜。

老泡菜（묵은지）、即食泡菜（겉절이）

依照氣候、溫度與醃漬時間的長短，泡菜發酵的程度會不同，所以每家泡菜的味道也不盡相同。一般來說，湯類、燉類的料理，都是使用發酵時間長、味道較酸的「老泡菜」來製作；老泡菜的口感柔軟、味道濃郁，富含益生菌和乳酸菌，對於健胃整腸和活化腦部有幫助。另外還有一種現做現吃的「即食泡菜」，將葉菜類洗乾淨後，撒上辣椒粉等調味料，稍微攪拌後就可以直接吃，因為醃漬的時間極短，被暱稱為小朋友泡菜，吃起來是清脆爽口的感覺。

1 | 2　1.泡菜鍋（김치찌개）都是用發酵較久的老泡菜來煮，所以味道會偏酸 2.「即食泡菜」的醃漬時間極短，除了單吃，也可以加到湯飯裡調味

圖 2◎ 加小菲愛碎碎唸

泡菜類料理菜單

1	2
3	4

1. 豬肉泡菜鍋（김치찌개）2. 辣炒豬肉（두루치기）3. 左：泡菜燉
豬肉（김치찜）、右：泡菜鍋（김치찌개）4. 泡菜火鍋（김치전골）

김치찌개／泡菜鍋
gimchi-jjigae
通常最基本
會加碎豬肉或豬肉片。

김치찜／燉泡菜
gimchi-jjim
通常會加豬肉一起烹煮。

김치전골／泡菜火鍋
gimchi-jongol

제육볶음／泡菜炒豬肉
jeyuk-ppokkeum

두루치기／辣炒豬肉
duruchigi
有時也會加泡菜一起拌炒。

김치볶음밥／泡菜炒飯
gimchi-bokkeumbap

김치전／泡菜煎餅
gimchi-jon

김치 파전／泡菜蔥煎餅
gimchi pajon

두부김치／豆腐泡菜
dubu-gimchi
常見的鄉土料理、
傳統酒下酒菜。
（可參閱 P.153、P.180）

血腸
순대

　　血腸是韓國常見的小吃，一般市面上常見的血腸，是將剁碎的韓式冬粉和豬血灌入豬腸內煮熟後，切片沾鹽、醬料一起吃，也有些地方會用辣椒醬拌炒。小吃攤通常還會有豬內臟，或是當作正餐，在餐廳裡做成血腸湯飯來吃。一般血腸多是用豬小腸來製作，但韓國各地的口味不盡相同，有時也會看到使用豬大腸或是其他食材。而且不只是深色的豬血腸，還有灌糯米的血腸、灌蔬菜的淡色蔬菜腸，以及鄉土料理魷魚米腸等，有機會也可以試試其他的味道喔！

北韓式的風味 —— 束草魷魚米腸（속초 오징어순대）

　　束草是韓國東北部的一個臨海城市，近現在的北朝鮮（北韓）。韓戰當時有很多北方人往南邊避難，就再也沒回到家鄉去，因而讓不少北方風味的美食傳入，成為束草一帶的特色料理。有一說法，血腸是由蒙古傳入朝鮮半島的食物演變而來，最早指塞入各式配料的長形食物，所以不只是豬血腸，也有利用其他長形食材來製作，例如：從北朝鮮流傳到束草的作法，在魷魚肚子裡，塞滿剁碎的蔬菜和粉絲，蒸熟後切片，再沾上蛋汁煎來吃。對於逃難到束草的人來說，這是相當思念的家鄉味，因此用北方咸鏡道、平安道（兩者在今北韓境內）方言中的「아바이」（父親、祖父）來命名，束草除了有個漁村名為「아바이 마을」（阿爸村），魷魚米腸也被稱為「아바이 순대」（阿爸血腸）。

血腸相關菜單

<table>
<tr><td>1</td><td>2</td></tr>
<tr><td>3</td><td>4</td></tr>
</table>

1. 血腸（순대）2. 血腸湯飯（순대국밥）3. 路邊攤的血腸小吃，通常會搭配豬內臟 4. 餐廳裡的血腸，也有搭配切片豬肉、豆腐的拼盤

순대／血腸
sundae

순대국밥／血腸湯飯
sundae-gukppap

김치 순대국밥／
泡菜血腸湯飯
gimchi sundae-gukppap

찹쌀 순대／糯米血腸
chapssal sundae

오징어순대／
魷魚米腸
ojingo-sundae

아바이 순대／
大腸血腸
abai sundae

這個名稱如果是在束草，
是指魷魚米腸。

야채 순대／蔬菜米腸
yachae sundae

순대전골／血腸火鍋
sundae-jongol

순대 철판 볶음／
鐵盤炒血腸
sundae cholpan bokkeum

수육／白切肉
suyuk

水煮豬肉切片。

내장／內臟
naejang

跟清蒸血腸同一攤的是
豬內臟，也可以不要。
（「去掉」的實用會話
可參閱 P.248）

※ 有些地方的小吃攤，血腸會使用辣椒醬拌炒，例如：釜山中區的 BIFF 廣場一帶，這種就不會有
豬內臟。相關小吃類菜單可參閱 P.240。

釜山魚糕
부산어묵

　　扁平樣式的魚板，折起後串成一串，是韓國隨處可見的小吃，以往多少帶有一點傳統、廉價的感覺。來到韓國第一大海港城市釜山，利用豐富的水產資源，將各種配料拌入新鮮魚漿裡，塑形炸或蒸熟後稱為「魚糕」，單吃或煮湯、拌炒、乾煎都不錯，也可以當成點心。

　　「釜山魚糕」是多家業者的共用品牌名稱，魚肉含量達 70% 以上的製品，才可使用此名稱商標，生產量逐年成長，約占全韓國總量的 34%。近年釜山市和在地的魚糕業者合作，將老舊店面重新設計裝潢，給人有如新式麵包店或咖啡店般的溫馨感受。眾多口味的魚糕產品創意十足、令人驚豔，半開放的廚房可以看到製作過程，開架陳列自由選購，有些分店還設有座位區或體驗教室，方便現買現吃或親手製作魚糕。同時，也積極在百貨商場設點，賦予「魚糕」年輕有活力的清新形象。

把魚糕帶回家

釜山魚糕大多以熟食販售，不添加防腐劑，保存期限約冷藏 5 天、冷凍 6 個月；冷藏或常溫時，用微波爐加熱即可食用，也可當作各種料理的配料。依照台灣現行相關法律規定，魚漿類製品可帶回國（建議先冷凍），但不可以包有肉類，例如：熱狗、培根等配料，並請留意勿超過個人攜帶公斤數的限制。魚漿類製品可以手提上飛機，但若是加保冷劑則需放託運行李。

※ 法律規定有變動的可能，請留意相關單位的最新資訊。

1 | 2
3 | 4
1.2. 連鎖的釜山魚糕店家，大多可購買保冷袋，若有加保冷劑，搭飛機時切記只能託運 3.4. 若要購買回台灣，因應台灣相關規定，請選購沒有包肉類的基本款魚糕

🔍 魚糕的起源和演變

　　日本西部的魚漿類食品傳入朝鮮半島，各地區的名稱、樣式不同，早期稱為「天ぷら」（tenpura、天婦羅），亦有說法是來自於日本鹿兒島的「薩摩炸魚餅」。釜山開港後漁業發展旺盛，人口數量迅速增加，食材的需求量提升，因為成本便宜、價格實惠，釜山成為韓國魚漿製品最大的製造地。魚漿製品是 1900 年代之後的常見食品，也是人民攝取蛋白質的主要來源，以前釜山有許多日式天婦羅的工廠，光復後魚漿製品從高級化、日式風格，調整為更符合韓國人的大眾化口味，韓戰時期糧食不足，相對平價的魚漿製品，就是最好補充蛋白質營養的食物，後來逐漸變成韓國常見的小吃。

🔍 魚糕的正名和精緻化

　　韓國的魚漿類製品，最早稱為「덴푸라」（天婦羅）、「오뎅」（御田），是日本關西地區的用法，光復後仍沿用日式名稱。之後使用過「고기떡」（肉糕）、「생선묵」（生鮮糕）等名稱，直到 1986 年代食品衛生法修正時，才正式確認稱為「어묵」（魚糕）。現在的釜山魚糕，使用更好的原料、不加防腐劑，魚肉含量達 70% 以上，讓魚糕品質更優、口感更有嚼勁，也開發多元口味和料理樣式，同時藉由便利的交通，將釜山魚糕的好味道，擴及到韓國各地。

魚糕類菜單、包材

	2
1	3
	4

1. 烏龍魚麵（어묵 우동）2.3. 魚糕可樂餅（어묵 고로게）4.「釜山魚糕」的聯合品牌商標

大部分的新式魚糕店，標示牌上會以容易理解的圖畫，說明魚糕裡包含哪些配料，以及辣度口味等，因此本篇收錄的單字，多以購買魚糕或內用時，會需要用到的其他相關字詞，以及釜山魚糕連鎖店「古來思」（고래사）、「三進（三珍）魚糕」（삼진어묵）部分分店提供的餐點料理。

보냉 가방／保冷袋
bonaeng gabang

보냉제／保冷劑
bonaengje
一定要託運，
不可手提上飛機。

진공포장／真空包裝
jingong-pojang

어묵／魚糕
omuk

어묵 고로게／
魚糕可樂餅
omuk goroge

어묵 김밥／魚糕飯捲
omuk gimbap

어묵 핫도그／
魚糕大熱狗
omuk hatttogeu
外有麵衣用炸的。

어묵 소시지／
魚糕熱狗
omuk ssosiji

1.2. 可內用的魚糕店家，會有微波爐供現場加熱，並免費提供熱高湯 3. 烏龍魚麵（어우동）、魚辣炒年糕（어붂이）4. 魚糕麵（어묵면）附高湯包，買回家可以方便煮來吃

어묵 초밥／**魚糕壽司**
omuk chobap

어붂이／
魚辣炒年糕
obokki

어우동／**烏龍魚麵**
oudong

어카레／**咖哩魚麵**
okare

어짬뽕／**辣海鮮魚麵**
ojjamppong

볶음 어우동／
辣炒烏龍魚麵
bokkeum oudong

어짜장／**炸醬魚麵**
ojjajang

어묵전／**魚糕煎餅**
omukjjon

어묵 육수／**魚糕湯**
omuk yukssu
於內用的店面，
可自助式續杯。

전자레인지／**微波爐**
jonjareinji
於內用店面，可自行
將魚糕加熱。

韓國餐廳的常見酒類

韓國的各種餐廳裡，除了可樂（콜라）、汽水（사이다）、果汁（주스）等基本飲料之外，幾乎每家店冰箱裡都會有的，就是酒類飲品界的三大天王：燒酒、啤酒、馬格利酒。雖然韓國各地還是有其他酒類，但是以這三種酒最有名，其中燒酒的地位，足以堪稱國民酒品，是大部分餐廳、小吃攤和居家的必備主角。對韓國人來說，燒酒很百搭任何料理，但啤酒和馬格利酒不遑多讓，也是常常都會出現。這三種韓國各處常見酒類，有些品牌是全韓國都可以買到，但也有所謂的在地品牌，外地可是不容易買到的喔！

※ 請勿酒駕！未成年請勿飲酒！（韓國成年為 19 足歲）

參考價位：
餐廳販售的酒類，價格會比超市大賣場較高，燒酒、啤酒、馬格利濁米酒等，每瓶約 ₩ 4,000。

韓國人的喝酒習慣

除了小瓶、單杯自己喝的啤酒之外，大家一起聚餐喝酒的時候，即便同桌的是長輩，也要相互幫彼此倒酒；如果看到別人的酒杯空了，就要主動幫忙斟酒。若與前輩長官對飲，比較年輕或資歷淺的人，幫對方倒酒的時候，沒有拿酒瓶的手要托著酒瓶尾端，並且喝酒的時候要把頭轉向側邊，以表示禮貌和尊敬。

酒？果汁？傻傻分不清楚

這些外包裝上有水果圖案的，其實也都是酒喔！從柚子、藍莓、水蜜桃口味，為了拓展女性、年輕族群的消費市場，近年韓國市面上陸續出現許多水果味的燒酒和氣泡酒。有些包裝可愛的酒類，常被誤認是果汁和汽水，最簡單的分辨方法，就是酒類瓶身上會註明「ALC」酒精濃度，相較於同類酒品，水果口味的酒精濃度較低，相對來說較順喉好入口，去韓國旅遊時，不妨嘗試看看囉！

這些不是水！是酒！

　　這些寶特瓶裝的透明飲料，常有外國人以為是礦泉水，喝了一口覺得：「這水是不是壞掉了？！」

　　韓國人常喝燒酒是出了名的，不只是吃飯要喝，有時就連登山健行，或是到球場看比賽的時候，也要跟朋友來一杯。但舊式的玻璃瓶裝燒酒太重，不方便攜帶，而且易碎也會有一定的危險性，為此酒廠開發出輕便包裝，以寶特瓶、鋁箔包來裝燒酒，既能減輕重量，也符合韓國體育活動的安全標準，禁止攜帶玻璃材質製品入場，以預防球迷看比賽太激動，把東西扔入場內的話，會對球員造成更嚴重的傷害。這些酒類包裝對外國人來說新奇少見，推薦可以當成伴手禮分送親友。

小容量鋁箔包、寶特瓶裝的燒酒，容易讓外國人誤會是礦泉水

燒酒

소주

　　現代的韓國燒酒，是用穀物蒸餾後稀釋製造，酒精濃度多介於 16.9 ～ 21%。如果不善於喝酒，但是又想體驗小酌，可選擇酒精濃度約 13.5% 的水果口味燒酒，對初次飲用的人來說更好入口，接受度也較高。

　　古代朝鮮半島的酒類，多是使用稻米釀製，客棧、酒樓或各家戶都可以製酒。韓戰後因為主食稻米缺乏，政府下令改以穀物來製造蒸餾酒，並且為了抑制燒酒公司之間過度競爭，在 1970 ～ 1990 年代推動「1 도 1 사」（一道一社）政策，限制經銷商的銷售總量，必須有一半以上是所在地酒廠製造，藉此促進大酒廠發展，同時減少小酒廠的數量，使得全韓國的燒酒製造商，合併減少到僅有 10 家，各道或地區只有 1 ～ 2 家。即使該政策後已廢止，但韓國人的消費習慣，仍是以所在地區的商品為主，所以韓國也很少再有新成立的酒廠了。

🔍 燒酒的代言人

在台灣的韓國燒酒，因為進口關稅與較易破損，每瓶價格至少 150 ～ 200 元新台幣起跳，但是在韓國，燒酒卻是便宜又很容易買到的酒類。對於位處高緯度的韓國人來說，酒精含量高的燒酒，用來暖身或增添氣氛都是好選擇。隨著酒類飲用量提升，肖像若是能被印在瓶身貼紙或廣告海報上，也是相當有效的曝光宣傳，因此燒酒的代言廣告，成為演員、歌手與藝人最想爭取到的合作之一。代言人的人氣，也被視為與買氣有關，有些粉絲要點酒的時候，不會講酒標名稱，而是使用以下句子，來替自己喜歡的偶像藝人累積人氣喔！

광고한 소주 한 병 주세요.

請給我 1 瓶 （替換藝人名） 廣告的燒酒。

gwang-go-han soju han byeong juseyo.

🔍 綠色燒酒瓶的由來

因為韓劇、韓式料理在台灣的盛行，不只是在韓國，就連很多還沒去過韓國的人，對於綠色的燒酒瓶都印象深刻。從韓國開始使用玻璃製用品以來，最初用來裝燒酒的，大多都是透明玻璃瓶，一直到 1994 年，韓國的「斗山」（두산）集團公司，為了與燒酒龍頭品牌「真露」（진로）競爭，改用有自然環保、清新健康等概念意象的綠色玻璃瓶來裝燒酒，一舉突破經營瓶頸，成功搶奪市場佔有率，之後也吸引其他廠商跟進改裝。由於燒酒的飲用量日漸提升，大量空瓶引發環保議題，所以燒酒瓶都改為綠色，以便於統一回收再利用。

燒酒也吹復古風

近年流行的復古風潮也吹進韓國燒酒圈，陸續有酒廠推出透明玻璃瓶的復古包裝，除了整體風格更年輕化，有些品牌也會調整配方，讓燒酒喝起來更為順口，搶佔女性和年輕族群市場。

진로 이즈 백／真露 IS BACK
jilro ijeu baek

酒名意思是「真露回來了」，由韓國燒酒產量最高的真露公司推出。不僅包裝換成復古風的透明玻璃瓶，也調整了燒酒的製作配方，酒精濃度只有 16.9%。沒有那麼重的酒精味，喝起來相對順喉不會嗆，一上市就在韓國有爆高的討論度。

좋은데이 1929／好日子 1929
joeundei chon-gubaeg-isipkku

韓國慶尚南道馬山的舞鶴酒廠，其燒酒品牌「好日子」，推出主打年輕人市場，濃度僅 15.9% 的燒酒，喝起來更清新順口。「1929」除了代表該公司成立的年份，也是以 19～29 歲為主要消費族群的含義，把兩瓶燒酒放在一起，瓶身中間就會出現愛心，適合作為另類的告白禮物唷！

※ 慶尚南道的馬山市，已合併至昌原市，成為該市的一區。

搭配燒酒的美食

在韓國的餐飲界，只要是提供韓式料理的餐廳，幾乎百分之百都有賣燒酒，而且號稱只要有賣酒的店家，就一定可以看到燒酒的蹤影，因此除了西餐以外，幾乎所有韓餐小吃都能搭配燒酒。但是對於多數的外國遊客來說，深受韓劇的影響頗深，多半還是會在燒烤店裡吃肉喝燒酒囉！

韓國各地的代表燒酒

　　可能因為「참이슬」（真露）燒酒實在太有名，有些外國人會誤以為「真露＝韓國燒酒」，但其實不只有全韓國流通的品牌，各地區也有在地燒酒，並且還會透過調整包裝，或是推出新口味，例如：水果口味燒酒、氣泡酒、調味燒酒等，讓老品牌有新的氣息。這邊替大家整理出各地區的代表，若有機會走訪韓國其他城市，也來體驗一下不同的燒酒吧！

江原道

初飲初樂 처음처럼 choeum-chorom

　　樂天集團收購原來江原道地區的公司後，將燒酒品牌重新包裝，在 2006 年新推出「初飲初樂」燒酒，由當時的大勢歌手李孝利代言，讓新品牌在 5 年內就達到與「真露」並駕齊驅的銷售量。

首爾市、京畿道

真露 참이슬 chamniseul

　　幾乎等於韓國燒酒的代名詞，在韓國各地都有銷售，包裝上有竹子圖案，強調使用過濾 4 次的竹碳水來製作口味清新的燒酒。除了是韓國本土市佔率第一的品牌，更蟬連數十年外銷全球各地韓國燒酒的第一名。

大田市、忠清南道

此刻我們 이제우린 ijeurin

　　以專利的純氧蒸餾法製造，酒中的含氧量高於他牌，並且有清爽的口感，主打即使宿醉也能很快緩解不適。品牌名稱在 2018 年末由「O2 린」正式改為「此刻我們」，新名稱讓品牌形象年輕化，傳達喝酒並不孤單的概念。

忠清北道

涼爽的清風 시원한청풍 siwonhan-chongpung

　　由韓國三大礦泉水廠商之一製造，強調使用如礦泉水一般純淨的水源。由於品牌名稱容易與釜山以前知名的燒酒「C1」（시원）的韓文混淆，前後共經歷了三次改名，近幾年才定調稱為「涼爽的清風」。

大邱市、慶尚北道

味道真好 맛있는참 madinneun-cham

　　持續蟬聯大邱、慶北地區燒酒評比的第一位，主打添加從黃豆芽萃取出的「天門冬醯胺」（Asparagine），可以在飲酒的同時，幫助身體更快速地緩解酒醉的狀態，此外還添加了「木醣醇」（Xylitol）來增添深層的風味。

釜山

大鮮 대선 daeson

　　酒廠成立於日據時期，名稱由「大」日本和朝「鮮」組成，原有「C1」（시원）品牌燒酒，酒精濃度降到 19%，名稱有「Clean No.1」和「시원하다」（爽）的含義。2017 年重新推出以公司名稱「大鮮」為品牌的燒酒，主打年輕消費族群，酒精濃度再下調至 16.9%，讓口感更為柔順好入口。

全羅北道　HITE 燒酒 하이트소주 haiteu-soju

　　原在地酒廠被首爾的「hite 真露」公司收購，成為該集團旗下韓國知名啤酒「hite」的子公司。主打以 100％天然原料和竹炭來製造燒酒，但品牌名稱容易與啤酒混淆，未能打入全國市場，只在全羅北道地區販售。

慶尚南道

好日子 좋은데이 joeundei

　　慶南馬山地區的代表酒廠「舞鶴」，從日據時期開始生產多個品牌酒類，其中最有名的就是「好日子」（좋은데이、GOOD DAY）品牌。以年輕人為主要消費族群，原味燒酒濃度下調至 16.9％，希望任何人都能沒有負擔、愉快地喝燒酒。

光州、全羅南道

楓葉酒 잎새주 ipssaeju

　　以韓國西南部的楓紅之美，作為燒酒的名稱。用 100％天然甜味劑製成，特點是沒有糖、鈉、味精等人工調味。在地下室使用天然深層水滴製成燒酒，並通過 5 道過濾程序來讓味道更純淨與柔和。

濟州島

漢拏山 한라산 halrasan

　　以韓國最高峰的漢拏山來替燒酒命名，是獨佔濟州島的地主品牌。使用當地生產的大米，與火山岩地下的深層清澈水源製造，並使用透明的玻璃瓶包裝，來貫徹品牌潔淨、透澈的理念。

圖中 © 跳躍的宅男

啤酒

맥주

　　啤酒於 20 世紀初傳入朝鮮半島，屬於發酵酒。因為主要成分啤酒花被陽光照射後容易變質，所以用濾光效果較強的棕色玻璃瓶或鋁罐來裝盛。相較於燒酒和馬格利酒，啤酒有著讓人感覺較為年輕的形象，一般餐廳最常看到的瓶裝啤酒，有韓國市占率最高的 OB 公司，其所製造的「Cass」和「OB」品牌，銷量次之 hite 公司的「hite」、「Max」、「TERRA」。而釜山在地起家的樂天集團，則是推出口味相對清爽系的「Fitz」（費茲），喜愛啤酒的人千萬別錯過！

🔍 新鮮尚青——生啤酒（생맥주）

一般啤酒在裝瓶前，會經過滅菌或殺菌的程序，可以拉長保存期限。而所謂的「生啤酒」，則是於發酵完畢後，從發酵桶就直接裝瓶，喝起來的口感更為清爽新鮮。但由於沒有滅菌或殺菌，啤酒較容易變質，因此保存期限相對短，購買後要盡早喝完，或通常是直接在餐廳店家裡喝。韓國最常有生啤酒的地方，主要是在西式料理店，特別是炸雞店（P.45），幾乎每家店都會有喔！

🔍 啤酒常見搭配美食

韓國的各類餐廳，無論是提供韓餐或異國料理，都幾乎沒有違和感，什麼餐點都能搭配的酒類，似乎啤酒更略勝一籌，甚至還有許多文青特色咖啡店，晚上會變身手工啤酒酒吧，搭配下酒鹹食相當對味。但是對外國遊客來說，最熟悉的，想必仍然是「雞啤」炸雞配啤酒，以及滿街都可以看到的燒烤店囉！

🔍 威力加倍的砲彈酒——燒啤（소맥）

韓國人有時會把不同的飲料加到酒類裡一起喝，其中最常見的混酒「소맥」（燒啤），又稱為「폭탄주」（砲彈酒），是把燒酒、啤酒做成混搭酒，調配比例看個人的喜好，通常推薦最好喝的是「燒：啤」3：7，很適合搭配吃烤肉或炸雞時一起喝。但混酒的酒精濃度會加成，後勁效果很強，記得要留意適量、注意安全！

韓國的啤酒品牌

不會苦的小清新

「Fitz」피츠

由韓國知名樂天集團推出的
啤酒「費茲」，酒的顏色比較
淡，口味清新不厚重，適合喜
歡小酌或是酒量不佳的人。

「TERRA」테라

「hite 真露」公司 2019 年
推出的新品，由知名演員孔
劉擔任代言人，也是屬於清
爽口感，受到女性們歡迎。

「Cass Fresh」카스 프레시

Cass 系列啤酒的清爽款，幾乎沒有苦味，是許多韓國人吃炸雞、烤肉時的指定
啤酒，深受年輕人喜愛。

微苦長銷熱門款

「hite」하이트

hite 為韓國啤酒界的龍頭，
暢銷熱賣數十年，口感微甜
帶些小苦，是韓國大叔（中
年男性）們的愛牌。

「CASS」카스

除了 Fresh 款的口味較為
清新之外，其他還有低卡
Light，以及 Red、Lemon 等
不同口味。

會苦的重口味

「Max」맥스

「hite 真露」公司的人氣
商品，酒體顏色較深呈金黃
色，略帶苦味和果香味，主
要客群為中年以上男性。

「OB」오비

OB 公司同名品牌，帶有微苦
的穀物與麥芽香氣，口感較為
深層有餘韻，是韓國長輩族群
喜歡的選擇。

馬格利
막걸리

　　馬格利是韓國歷史悠久的傳統酒，主要原料是米，並加入多樣穀物來製作的發酵酒。沉澱過會有明顯的上下兩層，上層透明的部分，再經過蒸餾處理後即為「清酒」，而下層混濁的部分，則是直接被撈起，所以韓文名稱「막걸리」（馬格利），就是「막 걸러서 마신다」（馬上撈起來喝）的意思。由於是蒸餾前混濁的酒，並且以前多為農民自家釀製飲用，所以馬格利酒也稱為「탁주」（濁酒）或「농주」（農酒）。又因為混濁白色、有沉澱物且帶有氣體，部分地區也稱為「동동주」（冬冬酒）或「부의주」（浮蟻酒）。

　　朝鮮半島飲用米製濁酒推測超過 1 千年，古代盛行家戶各自釀酒，日據時期課徵酒類重稅，後期全面禁止私釀酒，加上韓戰後又缺乏稻米，禁止使用米來釀酒，讓馬格利酒的文化在韓國消失過一段時間，直到 1990 年代，因稻米收成量提高等因素，才又逐步開放釀造。馬格利酒的製造方法較簡單，所以每個地區都會有數個品牌，也會結合各地農特產來製作，所以有不同的顏色。此外，馬格利酒有分：生鮮要冷藏或常溫可保存的兩種，一般來說會比較推薦生鮮版的味道口感，就跟生啤酒的概念類似，雖然保存期限短，但是「尚青」的才最好喝囉！

馬格利酒的品牌

如前所述，因為馬格利酒的製造方法較簡單，所以不像燒酒、啤酒那樣，品牌數量相對較少，目標也較為明確。馬格利酒在韓國每個地區，大多都會有數個品牌，推薦可選擇以在地農特產製作的酒品來體驗。

여기 현지 막걸리 브랜드 어떤 거예요？
請問這裡在地品牌的馬格利是哪些？
yogi hyonji makkkolri beuraendeu otton goeyo?

「首爾 - 長壽馬格利」
서울 – 장수 막걸리
soul-jangsu makkkolri

韓國知名度最高的馬格利品牌。不只是首爾與周邊，也銷售到其他地區，是全韓國米酒類飲品銷售量第一名。

「釜山 - 金井山城馬格利」
부산 – 금정산성 막걸리
busan-geumjong-sansong makkkolri

韓國民俗酒的第一號品牌，據說從朝鮮初期到現在已有500年的歷史，以堪稱是保留韓國最傳統的工法與味道而聞名。

🔍 馬格利常見搭配美食

因為有著「傳統酒」的形象背景，馬格利濁米酒給人較為年長的印象，覺得大多是長輩才會喝的酒。而且普遍韓國人覺得，馬格利酒和烤肉、炸雞的味道不搭，所以通常會是在傳統韓國料理的餐廳比較常見，例如：有賣蔥煎餅、海鮮煎餅、豆腐泡菜的店家，或是山區景點周邊的餐廳，總覺得這樣才最為搭配。

1｜2｜3　1.豆腐泡菜（두부김치）2.涼拌橡實凍（도토리묵）3.海鮮蔥煎餅（해물파전）

韓式變化的中華料理

　　通常短期出國旅遊，多半會以目的地所在國的特色餐點為主。不過韓式的中華料理是個特殊例外，即使是源自於中國各地的菜色，但因為流傳時間已久，作法與口味已經韓化，也融入到韓國人的日常生活，再經過戲劇和媒體的曝光傳播，不只是韓國人常會去吃，就連外國人都會想去體驗一下。

　　韓國的中華料理餐廳，也有提供其他如：炒飯、炒菜、餃子、湯品等料理，但是最熱門的三寶，幾乎都是炸醬麵、炒碼麵和糖醋肉，特別是做外賣的店家，有可能就專賣這三樣料理。偏甜的韓式炸醬麵，紅通通的辣味炒碼麵，以及使用無骨豬肉製作的糖醋肉，常常會讓人難以選擇，除了分別單點之外，部分店家也會有混搭套餐，可以一次就吃好吃滿唷！

參考價位：
炸醬麵約 ₩ 4,500 起，炒碼麵約 ₩ 5,500 起，糖醋肉小份約 ₩ 11,000 起。

🔍 韓式中華料理的起源

韓國式的中華料理，一般來說起源於臨近中國、位在韓國西北部的仁川市。從 20 世紀初仁川開港通商，經過日據時期、兩韓戰爭，一直到國共內戰，陸續有許多中國人移居至仁川，其中以麵食有名的山東省一帶北方人為大宗，因此麵食類的家鄉味也隨之傳入朝鮮半島，炸醬麵和蒸餃、煎餃，成為韓式中華料理的重要菜色。

雖然沒有準確的傳入時間，但是仁川中國城裡，知名的炸醬麵老店「공화춘」（共和春），是從 1905 年開業至今，周邊發展為中華料理餐廳的聚集地，而提供炸醬麵、炒碼麵、糖醋肉等料理的店家，現在韓國各地幾乎都能找到，口味也依照韓國人的大眾化喜好做調整，不只是在餐廳內用，也是外送餐點的人氣選項。

1 | 2
1. 炒碼麵（짬뽕），就是辣味海鮮麵
2. 炸醬麵（짜장면）

🔍 韓式炸醬麵的百分百配菜 —— 黃色醃蘿蔔（단무지）

在韓國吃「黑」炸醬麵時，一定都會有的小菜，絕不是泡菜，而是黃色的醃蘿蔔「단무지」。這個從日本開始的「沢庵漬け」，據說是在江戶時代，由曾任京都大德寺的住持—沢庵宗彭發明的平價食物，所以用姓氏「沢庵」來命名。後來估計是日據時代傳入朝鮮半島，韓戰後炸醬麵走低價路線，無法提供昂貴的小菜，推測改以同樣便宜的黃色醃蘿蔔來搭配。直到現在，無論是內用、外送或外帶，韓式炸醬麵和黃色醃蘿蔔，都還是會形影不離的同時出現。

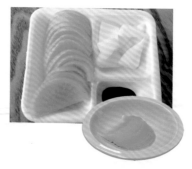

黃色醃蘿蔔也常會出現在：飯捲天國（P.189）、餃子包子（P.145）、辣炒雞排（P.82）等店家，都是早期相對平價的食物

⊕ 國民物價指標──炸醬麵（짜장면）

「炸醬麵」雖然是近代才傳入韓國的麵食，但是與其他傳統料理放在一起，人氣上也絲毫不遜色。以便宜的價格就能快速吃飽，符合一般大眾的需求，因此也成為物價指標。炸醬麵漲價的幅度，幾乎就等於韓國整體物價的變動指標。

19 世紀末鄰近中國的仁川市開港，中國北方山東料理的炸醬麵，隨著移居的清朝商人、勞動者等傳入朝鮮半島，但當時並未普及，一直到 1945 年日據解放後，韓國政府禁止華裔商人在朝鮮半島從事貿易活動，於是這些商人多數改做較容易入門的餐飲業，中華料理店的數量短時間倍增，但大多不只提供自己的家鄉味料理，而是融合中國各地的菜色，並依照韓國人喜歡的口味調整。以現在韓國所謂的中華料理炸醬麵來說，Q 彈有嚼勁的麵體，搭配上黑乎乎偏甜、有洋蔥和碎豬肉的醬料，從食材、作法到口味，都與山東省的相異甚遠。

日據時期的朝鮮半島，小麥與其製成品麵粉都價高量少，直到韓戰後的美國援助，輸入很多穀物，其中最多的就是小麥，因此麵粉、麵條的價格才大為下降。加上主食稻米缺乏，韓國政府為抑制消耗量，鼓勵人民以麵食取代米飯作為主食，使得韓國出現很多麵食類的食物，炸醬麵也因此竄紅流行於韓國社會。

※ 炸醬麵的韓文，實務上「짜장면」、「자장면」都可使用，只有第一音節略有差異。

1 | 2/3　1.2.3. 炸醬麵的醬料，大多會直接加在麵條上，吃之前要記得攪拌均勻再開動

1 | 2 3 | 1.2. 所謂的炒碼麵，就是辣味的海鮮湯麵 3. 有些中華料理的店家，上餐時也會提供剪刀，可將麵條稍微剪短方便食用

🔍 韓國——炒碼麵（짬뽕）VS 日本——強棒麵（ちゃんぽん）

韓國中華料理店的「炒碼麵」，「碼」是粵語裡的「執碼」，依照客人所點的料理，備齊切好所需食材，所以「碼」是「料」的意思。而炒碼麵就是「把配料炒過後再煮」的麵，雖說是源自中國東南沿海的福建料理，中譯名稱也從粵語而來，但是這道麵食的韓文名稱，與傳入朝鮮半島的由來，卻和鄰近的日本有關。

日本明治時期的 1890 年代，清朝的商人和留學生大量移居到日本九州，當時在長崎開業的知名餐廳—四海樓（目前仍有營業），出身自福建省的第一代老闆，把豬肉、各種海鮮和蔬菜先炒過，再倒入以豬骨與雞肋熬製的高湯裡來煮麵，這道家鄉味麵食受到華僑與日本人的歡迎，名稱幾經改變，最後成為現在的日式什錦麵「ちゃんぽん」（強棒麵），字面是形容要把配料先混合炒過的意思。

日據時期，大量的華僑後代又再次移居，強棒麵也隨之傳入朝鮮半島，但原味的高湯麵被加入辣椒粉調味，更符合韓國人喜歡的味道。「짬뽕」（炒碼麵）是一道混合多國文化的複合飲食，強調各種配料摻雜混在一起的樣式，雖然源於中國料理，可是名稱卻承襲自日本，所以韓文名稱「짬뽕」，也有混雜的意思，並且韓文、日文的唸法，發音幾乎是一模一樣喔！

「짬뽕」、「ちゃんぽん」的唸法

짬뽕／炒碼麵
jjamppong

ちゃんぽん／強棒麵
Chanpon

韓文「짬뽕」、日文「ちゃんぽん」，兩者發音相似，皆有混合、混雜的意思。韓文裡有句話：「내 머리가 짬뽕 됐다！」（我的頭成為炒碼麵！），就是形容頭腦很複雜混亂，快要承受不住的意思。

中華料理店必吃——糖醋肉（탕수육）

「탕수육」（糖醋肉）前兩個字「탕수」，也可以用漢字翻譯成「湯水」，比起中國的類似料理，如：江浙無錫排骨、廣東咕嚕肉、東北鍋包肉等料理較無湯汁，韓式糖醋肉醬汁較多，就像是把肉泡在湯水裡。雖然這些菜餚頗為類似，但作法卻略有不同，因此韓國糖醋肉是源自何處，比較沒有定論，若是以加入蔬菜水果當作配料，如：小黃瓜、洋蔥、鳳梨、番茄等，以及濃郁的勾芡醬汁來看，則是與廣東咕嚕肉較為相似。

韓式的糖醋肉，將不帶骨的豬肉塊裹上粉漿油炸，起鍋後再倒入口味酸甜、放入蔬菜水果調味的勾芡醬汁，如果是叫外送，為了不讓外層麵衣變軟，通常會用碗另外把醬汁裝起來，要吃的時候再倒進肉盤裡，或是沾著醬汁來吃。炸醬麵、炒碼麵可能還要猶豫一下，有時無法決定要吃哪個，但糖醋肉幾乎是每桌必有，點一盤大家一起吃。或是因應用餐人數較少，有些店家也會推出套餐，炸醬麵、炒碼麵加上迷你小份的糖醋肉。

糖醋肉與炸醬麵都是十九世紀末期傳入朝鮮半島，日據時代中華料理廣為流行，但一直到韓戰結束後，因為製作材料豬肉、砂糖、麵粉等的價格都還很高，所以糖醋肉被認為是高端中國菜的代表。後來隨著原物料價格下降，中華料理餐廳增加，以及餐飲外送文化的發達，糖醋肉逐漸普及到韓國人的日常生活裡。因為比起其他肉類料理，糖醋肉的價格相對低廉，酸甜的口味又能滿足多數人的喜好，所以在 1997 年亞洲金融風暴的時代，特殊年節、紀念日家人們一起去中華料理餐廳吃飯，絕對必點一大盤糖醋肉，成為當時很多韓國家庭的美好回憶。

中華料理店菜單

1 | 2
3 | 4

1.三鮮炸醬麵（삼선짜장），基本口味加海鮮類配料 2.乾炸醬麵（간짜장），
上桌時麵、醬是分開裝，吃之前再把醬料倒進麵碗裡 3.炒碼麵（짬뽕），
辣味的海鮮湯麵 4.白炒碼麵（하얀 짬뽕），不辣的海鮮湯麵

現代韓國人認為的中華料理，多以炸醬麵、炒碼麵、糖醋肉為主，很多店家只
供應這三樣料理，或是還有蒸餃、煎餃等麵食。如果要吃炒菜、喝熱湯等其他
菜色，要選擇更專門的中式料理店，通常都會有中文菜單，選擇也會更多樣化。

짜장면／炸醬麵
jjajangmyon

짬뽕／炒碼麵
jjamppong

탕수육／糖醋肉
tangsuyuk

간짜장／乾炸醬麵
ganjjajang
麵、醬分開裝，吃之前
再把醬料倒進麵碗裡。

고추 짜장면／
辣味炸醬麵
gochu jjajangmyon
加辣的炸醬麵。

쟁반 짜장／
大盤炸醬麵
jaengban jjajang
盤裝大份炸醬麵，通常
加海鮮料且 2 人份起。

삼선짜장／三鮮炸醬麵
samson-jjajang
加各種海鮮的炸醬麵。

짜장밥／炸醬飯
jjajangbap

하얀 짬뽕／白炒碼麵
hayan jjamppong
不辣的海鮮湯麵。

고추 짬뽕／
辣味炒碼麵
gochu jjamppong
再加辣的炒碼麵。

볶음 짬뽕／乾炒碼麵
bokkeum jjamppong
辣炒海鮮麵。

야끼우동／炒烏龍麵
yakki-udong
大邱式的吃法，
辣炒海鮮烏龍麵。

짬뽕밥／炒碼飯
jjamppongbap

볶음밥／炒飯
bokkeumbap

찐만두／蒸餃
jjinmandu

군만두／煎餃
gunmandu

탕수 만두／糖醋餃子
tangsu mandu

단무지／黃色醃蘿蔔
danmuji

※ 麵類、糖醋肉不同份量，
標示用語可參閱 P.68、
P.92，單點、套餐的實用
會話可參閱 P.247。

1	2
3	4
5	6

1.2. 糖醋肉（탕수육）3. 蒸餃（찐만두）4. 炸醬飯（짜장밥）

5.6. 煎餃（군만두）

飯捲天國的豐富輕食

一家面積不太大，頂多十數坪空間的餐廳，只有約 A5 大小的點菜單上，卻洋洋灑灑列出百餘種選項，在簡單的小廚房裡，就可以把這些餐點全都製作出來。以現在的眼光標準來說，也許會覺得它不夠寬敞新穎，餐點也不是非常精緻，會有其他更好的用餐選擇，但是卻不能忘記它的存在，韓國餐飲史上重要的代表性食堂－「김밥천국」（飯捲天國）。

參考價位：
紫菜飯捲每條約 W 1,500 ～ 2,000 起，其他餐點每樣約 W 4,000 ～ 8,000。

김밥천국／飯捲天國
gimbap-chonguk

「김밥천국」（飯捲天國）的創始 1 號店，於 1995 年在韓國仁川市開業，為了降低食材成本的開支，節省中間盤商或加工的費用，老闆選擇直接到原料工廠進貨，以一條只要 ₩1,000 的飯捲打響名號，讓「飯捲天國」的經營模式一砲而紅，但是在申請專利商標時，被韓國法院以名稱有普遍性為由否決。之後 1997 年的亞洲金融風暴，韓國整體經濟嚴重受挫，在收入普遍減少的情況下，價格低廉的平價餐廳大受歡迎，很多被裁員失業的人，選擇用遣散費來經營相對較容易入門的餐廳，因此名稱叫「김밥천국」的小食堂，迅速在韓國各地出現，甚至有同一條街上好幾家的情況。

韓國料理的烤肉、拌飯、牛骨湯等，由於備料手續繁雜或需要費時熬燉，因此多數店家的餐點單純化，僅以同類料理為主。但「飯捲天國」隨著店家數量越來越多，需求量達到一定的程度，部分餐點集中於中央廚房製作，包裝好發貨到各店家，在客人點餐後，店員只要把料理包加熱，再放入部分配料，短時間內餐點就能上桌，因此讓只有幾坪大的廚房，可以提供超過百樣餐點，滿足不同客人的需求，更是受到韓國人歡迎。之後不只是「飯捲天國」，很多名稱、經營模式類似的店家紛紛出現，例如：「飯捲 XX」、「XX 飯捲」，由於都是一個人也能單獨用餐，因此很多去過韓國的外國人，對於這類的店家並不會陌生。

「飯捲天國」類的店家，通常會開在火車站、巴士站，或是相對鬧區的地方，大多從早餐時間就開始營業到晚上，甚至還有 24 小時的分店，無論內用或外帶，是很方便解決三餐的選擇。餐具就直接放在桌上，水杯與續添小菜採自助式，部分餐點還有提供熱湯，從基本 ₩1,500～2,000 的飯捲開始，只要花幾千元韓幣就能吃飽，是相當實惠的大眾化食堂！

🔍 回憶的郊遊便當──紫菜飯捲（김밥）

　　看起來跟日本壽司捲很相似的食物，在韓國被稱為「김밥」，中文翻譯通常為「紫菜飯捲」。依據古代的文獻，朝鮮半島人從很久以前就有吃紫菜的記錄，但是成為生活中的常見食品，就要從日據時代開始説起。當時日本人在朝鮮半島南部沿海廣設紫菜養殖場，加工為四方形的乾紫菜後，不只提供日本國內使用，也在朝鮮半島銷售，因而韓國人也開始吃壽司捲。

　　光復之後，原本米飯是加醋的壽司捲，逐漸調整成更符合韓國人口味的紫菜飯捲，米飯裡改成加芝麻油調味，紫菜上也會刷芝麻油來增加香氣，在竹簾上放紫菜和鋪平的米飯，放入切成長條或絲狀的食材：火腿、魚板、雞蛋、菠菜、紅蘿蔔、醃漬黃蘿蔔等，捲起來後再切成適合一口食用的大小。韓戰後的窮苦歲月，飯捲裡的食材還是很昂貴，因此只有在特定時間，如：運動會或郊遊野餐的時候可以吃到，即使不能準備豪華便當，媽媽們至少也會做個紫菜飯捲讓孩子帶著。雖然現在已經是相對平價的食物，口味選擇也更豐富，但是對老一輩的韓國人來説，小時候吃到媽媽做的紫菜飯捲，依然還是相當珍貴的回憶。

※ 紫菜飯捲裡通常都會有紅蘿蔔，若想要去除，可參閱實用會話 P.248、P.249。

1｜2　1. 韓國的紫菜飯捲，內用會附上熱湯。中：紫菜外面再包上蛋皮的蛋包紫菜飯捲（계란말이 김밥） 2. 喜歡辣味的人，也可以把紫菜飯捲沾辣炒年糕的醬汁一起吃

圖右 ◎ 跳躍的宅男

🔍 紫菜飯捲的樣式變化

　　不只是在專賣店，韓國很多地方都能買到紫菜飯捲，例如：麵食店、路邊攤、傳統市場、便利商店、各種車站等，除了一般的大捲，也有小捲或是其他樣式吃法。

마약 김밥／麻藥飯捲
mayak gimbap

　　「麻藥」是形容好吃到會上癮，這種飯捲體積細小，又稱「꼬마김밥」（小朋友飯捲）。在紫菜表面刷上芝麻油，包著米飯和調味過的紅蘿蔔絲、醃黃蘿蔔絲，再撒上白芝麻，可以單吃或沾醬汁、黃芥末醬吃，看似簡單卻很有人氣，在傳統市場或夜市路邊攤可以看到。

충무김밥／忠武飯捲
chungmu-gimbap

　　「忠武飯捲」體積較迷你，紫菜裡只包米飯，另外搭配辣味醃漬小菜一起吃。「忠武」是韓國東南沿海統營市的一個地名，此處為韓國有名的鮮蚵產地，漁民在船上工作時間長，有包餡料的飯捲容易腐壞，因此發展出只包米飯的小飯捲，較易保存吃起來也方便。

🔍 一秒給你韓國味——芝麻油（참기름）

　　與歐洲人使用的橄欖油有同等地位，在亞洲就是芝麻油了，韓國人更是偏好這味道，所以芝麻油成為韓國調味料的四大天王之首，很多料理只要淋上一點芝麻油，就會讓韓國人立刻有家鄉味的感受。韓國的紫菜飯捲，也有別於日式壽司，米飯裡會加芝麻油，紫菜也要刷上芝麻油。如果在家自己煮韓國料理，覺得好像就是缺了那麼一味，記得加點芝麻油，立刻讓你感受韓國美食的風味。

※ 韓國料理最常使用的四大調味料：芝麻油（참기름）、辣椒（고추）、大醬（된장、韓式味噌）、大蒜（마늘）。

飯捲類菜單

$\frac{1}{2}$│3　1. 起司紫菜飯捲（치즈 김밥）2. 蛋包紫菜飯捲（계란말이 김밥）3. 鮪魚花紫菜飯捲
（참치 누드 김밥），字面意思是裸體紫菜飯捲，但是外型與花壽司相似，米飯在最
外層包著紫菜和配料

本單元以下的菜單，以飯捲天國類店家常有的內容為主，在各同性質的餐廳和
食堂亦可應用。

원조 김밥／
元祖紫菜飯捲
wonjo gimbap
原味的飯捲。

야채 김밥／
蔬菜紫菜飯捲
yachae gimbap

김치 김밥／
泡菜紫菜飯捲
gimchi gimbap

참치 김밥／
鮪魚紫菜飯捲
chamchi gimbap

치즈 김밥／
起司紫菜飯捲
chijeu gimbap

땡초 김밥／
辣味紫菜飯捲
ttaengcho gimbap

스팸 김밥／
午餐肉紫菜飯捲
seupaem gimbap

소고기 김밥／
牛肉紫菜飯捲
sogogi gimbap

계란말이 김밥／
蛋包紫菜飯捲
gyeranmari gimbap

샐러드 김밥／
沙拉紫菜飯捲
saelrodeu gimbap

돈까스 김밥／
炸豬排紫菜飯捲
donkkaseu gimbap

누드 김밥／
花紫菜飯捲
nudeu gimbap
米飯在外，紫菜包在裡面。

圖 3◎ 加小菲愛碎碎唸

泡麵類菜單

1	3
2	

1. 水餃泡麵（만두 라면）2. 起司泡麵（치즈 라면）3. 年糕泡麵（떡 라면）

在韓文用法裡，泡麵稱為「라면」（音似拉麵），相關由來介紹可參閱本書 P.140，配料通常可以加價混搭。

신라면／辛拉麵
silramyon
韓國最基本款的長銷
辣味袋裝泡麵（P.141）。

떡 라면／年糕泡麵
ttok ramyon
辛拉麵裡加片狀年糕。

치즈 라면／起司泡麵
chijeu ramyon

김치 라면／泡菜泡麵
gimchi ramyon

만두 라면／水餃泡麵
mandu ramyon

짬뽕 라면／
辣海鮮泡麵
jjamppong rnamyon

냄비 라면／鍋燒泡麵
naembi ramyon

뚝배기 라면／
沙鍋泡麵
ttukppaegi ramyon

라면 정식／泡麵定食
ramyon jongsik
通常套餐裡還會有米飯、
炸豬排和熱清湯。

추가／追加
chuga

치즈／起司
chijeu

떡／年糕
ttok

만두／水餃
mandu

김치／泡菜
gimchi

圖 2◎ 跳躍的宅男

辣炒年糕類菜單

떡볶이／**辣炒年糕**
ttokppokki

라볶이／
泡麵辣炒年糕
rabokki
辣炒年糕＋泡麵。

쫄볶이／
韓式 Q 麵辣炒年糕
jjolbokki
辣炒年糕＋韓式 Q 麵。

매운 떡볶이／
加辣辣炒年糕
maeun ttokppokki

스페셜 떡볶이／
豪華辣炒年糕
seupesyol ttokppokki

추가／**追加**
chuga

치즈／**起司**
chijeu

삶은 달걀／**水煮蛋**
salmeun dalgyal

炸豬排類菜單

1 | 2　1. 炸豬排（돈까스）2. 地瓜炸豬排（고구마 돈까스）

돈까스／**炸豬排**
donkkaseu

카레 돈까스／
咖哩炸豬排
kare donkkaseu

오므 돈까스／
炸豬排蛋包飯
omeu donkkaseu

치즈 돈까스／
起司炸豬排
chijeu donkkaseu
有些是起司包在豬排裡。

고구마 돈까스／
地瓜炸豬排
goguma donkkaseu
地瓜泥包在豬排裡。

돈까스 정식／
炸豬排定食
donkkaseu jongsik

생선까스／**炸魚排**
saengson-kkaseu
少部分店家可能會有。

圖上 © 跳躍的宅男

195

輕食類菜單

1 | 2
3 | 4

1.2. 蒸餃（찐만두）3. 烏龍麵（우동）4. 辣拌韓式 Q
麵（비빔 쫄면）

고기 만두／**水餃**
gogi mandu
通常是包豬肉的水餃。

찐만두／**蒸餃**
jjinmandu

군만두／**煎餃**
gunmandu
有時是像台灣的鍋貼。

만두국／**湯餃**
manduguk

떡국／**年糕湯**
ttokkkuk
通常是使用片狀年糕。

떡 만두국／**年糕湯餃**
ttok manduguk

냄비 우동／
黃銅鍋烏龍麵
naembi udong

냄비 김치 우동／
黃銅鍋泡菜烏龍麵
naembi gimchi udong

해물 짬뽕 우동／
辣海鮮烏龍麵
haemul jjamppong udong

뚝배기 우동／
沙鍋烏龍麵
ttukppaegi udong

우동 정식／
烏龍麵定食
udong jongsik

잔치국수／**湯麵線**
janchi-gukssu

항아리 칼국수／
陶鍋刀切麵
hangari kalgukssu

항아리 수제비／
陶鍋麵疙瘩
hangari sujebi

오뎅／**魚板串**
odeng

해물 칼국수／
海鮮刀切麵
haemul kalgukssu

해물 수제비／
海鮮麵疙瘩
haemul sujebi

비빔 쫄면／
辣拌韓式 Q 麵
bibim jjolmyon

비빔 당면／
辣拌韓式冬粉
bibim dangmyon

湯鍋類菜單

1／2　3　1. 排骨湯（갈비탕）2. 砂鍋烤肉鍋（뚝배기 불고기）3. 泡菜鍋（김치찌개）

김치찌개／**泡菜鍋**
gimchi-jjigae

된장찌개／**大醬鍋**
dwenjang-jjigae

순두부찌개／
嫩豆腐鍋
sundubu-jjigae

갈비탕／**排骨湯**
galbitang
以牛排骨製作（P.94）。

육개장／**辣牛肉湯**
yukkkaejang

부대찌개／**部隊鍋**
budae-jjigae
份量較少的個人鍋。

참치 찌개／**鮪魚鍋**
chamchi jjigae

꽁치 김치찌개／
秋刀魚泡菜鍋
kkongchi gimchi-jjigae

다슬기 해장국／
螺肉解酒湯
daseulgi haejangguk

오뎅 백반／**魚板鍋**
odeng baekppan
魚板湯鍋定食。

뚝배기 불고기／
砂鍋烤肉鍋
ttukppaegi bulgogi
湯汁是偏甜口味。

콩나물해장국／
黃豆芽解酒湯
kongnamul-haejangguk

김치 콩나물국밥／
泡菜黃豆芽湯飯
gimchi kongnamul-
gukppap

쫄면 국수／
湯韓式 Q 麵
jjolmyon gukssu

당면 국수／
湯韓式冬粉
dangmyon gukssu

米飯類菜單

1 | 3
2 |

1. 培根炒飯（베이컨 볶음밥） 2. 蛋包飯（오므라이스）
3. 拌飯（비빔밥）套餐，有些店家會附上大醬湯鍋（된장찌개）

비빔밥／拌飯
bibimbap

돌솥비빔밥／
石鍋拌飯
dolsot-bibimbap

참치 비빔밥／
鮪魚拌飯
chamchi bibimbap

김치 볶음밥／
泡菜炒飯
gimchi bokkeumbap

새우 볶음밥／
鮮蝦炒飯
saeu bokkeumbap

베이컨 볶음밥／
培根炒飯
beikon bokkeumbap

햄 야채 볶음밥／
火腿蔬菜炒飯
haem yachae bokkeumbap

김치 도리아／
泡菜焗烤飯
gimchi doria

새우 도리아／
鮮蝦焗烤飯
saeu doria

오므도리아／
蛋包焗烤飯
omeu-doria

오므라이스／蛋包飯
omeu-raiseu

김치 오므라이스／
泡菜蛋包飯
gimchi omeuraiseu

카레 오므라이스／
咖哩蛋包飯
kare omeuraiseu

카레덮밥／咖哩蓋飯
kare-dopppap

참치덮밥／鮪魚蓋飯
chamchi-dopppap

오징어덮밥／
魷魚蓋飯
ojingo-dopppap

김치덮밥／泡菜蓋飯
gimchi-dopppap

제육덮밥／
泡菜炒豬肉蓋飯
jeyuk-ttopppap

두루치기덮밥／
辣炒豬肉蓋飯
duruchigi-dopppap

불고기덮밥／
烤肉蓋飯
bulgogi-dopppap

낙지덮밥／章魚蓋飯
nakjji-dopppap

돌솥 낙지 불고기밥／
石鍋章魚烤肉飯
dolson nakjji bulgogibap

素食者在韓國怎麼吃

　　韓國的素食人口比例偏低，甚至可以說是很少，因此素食餐廳也不多，而且還不一定會把關鍵字「채식」（菜食）寫在招牌上。首爾還稍微有多一些選擇，但其他城市鄉村則是少有素食餐廳，或是位在對外國遊客來說交通不方便的地方，若是要請一般店家特製素菜，通常會有一定的難度。因此到韓國旅遊，建議以鍋邊素、方便素為佳，或是選擇有廚房、可自己煮東西的住宿，以及自備素食泡麵罐頭。韓國的超市、大賣場、便利商店等，都有賣盒裝的「즉석밥」（即食飯），直接微波加熱就能食用，可以解決素食者的用餐問題。

參考價位：
素食餐點價格，比照同類葷食，基本上差不多，少部分可能較高一些。

🔍 容易被誤認是素食

泡菜

多是用蔬菜類來醃漬，常會被外國人覺得是素食。但韓國泡菜除了抹鹽與加辣椒，還會以蝦醬調味，或是和海鮮一起醃漬，大多為葷食，純素泡菜不易購買。

拌飯

有些人覺得，只要不加肉類、海鮮，其他都是蔬菜應該就是素食，但專門提供拌飯的餐廳，通常會以肉類高湯煮飯，米飯可能已是葷食，吃全素要多留意。

湯麵

韓國有湯汁的麵類餐點，大多是以海鮮湯底為主，或是像正統冷麵的高湯，會以牛肉、牛骨來熬製，即使去掉肉片肉絲，多數餐廳提供的湯麵也都是葷食。

🔍 尋找素食的實用網站 APP

「HappyCow」

尋找素食餐廳的網站，輸入城市名稱可查詢。
https://www.happycow.net/（英）

「채식한끼」（素食一餐）

網站：https://blog.naver.com/wooribro（韓）
手機 APP 下載：

iOS

Android

🔍 韓國的素食分類

　韓國素食分法與台灣不同，舉例來說，韓國沒有五辛素禁忌，卻有海鮮素、雞鴨素，即使在素食餐廳，提供的泡菜也多有辣味。本書的實用韓文，以台灣素食者的習慣來整理，出國建議以方便素、隨喜素為佳。

🔍 最便利的主食——
　　即食飯（즉석밥）

　對於以米飯為主食的韓國人來說，「吃到飯」真的很重要，因而發展出多樣口味、只要微波一下就能馬上開動的「即食飯」，在超市、大賣場、便利商店等都可以買到。吃素的外國遊客，可以利用即食飯的方便性，並自備素肉醬、素肉鬆等罐頭類食品，出遊韓國也可以放心用餐。

즉석밥／即食飯
jeukssokppap

素食實用會話

채식주의자／菜食主義者
chaesik-jjuija

비건／純素
bigon
完全不吃動物相關製品。

오보 베지테리안／蛋製品素食
obo bejiterian
可以吃蛋類製品。

락토 베지테리안／奶製品素食
rakto bejiterian
可以飲用奶類製品。

락토오보 베지테리안／蛋奶素
raktoobo bejiterian
可以吃蛋和奶類製品。

 吃素食實用會話

저는 비건인이에요 .
我是純素主義者。
joneun bigoni-nieyo.

밥 지을 때 육수 쓰셨어요 ?
請問煮飯的時候有使用肉湯嗎？
bap jieul ttae yukssu sseusyossoyo?

저는 _____ 베지테리안이에요 .
我是 _____ 素食主義者。
joneun _____ bejiterian-ieyo.

替換用字

락토 奶素 rakto	오보 蛋素 obo	락토오보 蛋奶素 rakto-obo

_____ 도 먹을 수 있어요 .
也可以吃 _____ 的食品。
_____ do mogeul su issoyo.

替換用字

유제품 奶製品 yujepum	동물의 알 蛋製品 dongmure al

다른 동물과 동물성 식품을 안 먹어요 .

不能吃其他動物和動物性食品。

dareun dongmulgwa dongmulsong sikpumeul an mogoyo.

韓國沒有五辛素禁忌

韓國的素食種類裡，沒有五辛素的禁忌，所以僅能透過詢問食材內容，自行決定是否避開。

혹시 이 요리 안에 _____ 들어가요 ?

請問這料理有放 _____ 嗎？

hokssi i yori ane _____ deurogayo.

_____ 빼 줄 수 있으세요 ?

請問能拿掉 _____ 嗎？

_____ ppae jul su isseuseyo?

替換用字

파 蔥 pa	마늘 蒜 maneul	부추 韭菜 buchu	양파 洋蔥 yangpa	염교 薤 yomgyo 音同「謝」，俗稱蕗蕎，外型似蔥又似韭，五種葷菜之一。

吃甜點是另一個胃

　　無論正餐吃得有多飽，走出餐廳後，意志力影響步伐，仍然很常會想往賣咖啡蛋糕的店裡移動，這就是甜食的神奇魔力。

　　古代還沒有餐後點心的概念，只是偶而在正餐後吃些甜食，韓文稱為「후식」（後食），經過日據時期和兩韓戰爭，日本和菓子與歐美西式點心陸續傳入朝鮮半島。當時屬於昂貴的食品，只有上層社會的人才有機會吃到，後來隨著砂糖、麵粉降價，外來語的「디저트」（dessert），如：蛋糕、餅乾、甜點等，才逐漸普及於韓國社會，成為日常的點心。

　　此外，韓國人消費量很大的咖啡，不只是重要的餐後飲料，也為催生西式點心有很大貢獻，各咖啡店家為搭配飲品，提升能見度和競爭力，紛紛投入開發創新口味或是造型吸睛的甜點，就連傳統的韓菓和年糕，也變身為風格特殊的混搭商品，吸引消費者的目光與味蕾。

參考價位：
各式咖啡飲料約 W 3,500 ～ 6,500 起，麵包約 W 1,500 起，蛋糕甜點約 W 5,000 ～ 8,000 起。

咖啡甜點外來語

比起韓式餐點，可能會因為語言不通而點餐遇到瓶頸，相對來說咖啡、蛋糕、甜點等稍微簡單，因為韓文裡的西餐和甜點，這些從國外引進韓國的東西，大多都是用音譯外來語，或是韓語＋外語結合表達，可能發音上稍有不同，但多少了解大概的意思，並且這類店家的菜單通常都會有附英文，可以用手機上網查詢單字的意思，比起不會韓文輸入沒辦法搜尋，英文還是相對容易一些。

韓國的紅豆粥是鹹的

台灣的紅豆湯、粥是甜口味，但是在韓國，被當成主食的「팥죽」（紅豆粥）、「동지팥죽」（冬至紅豆粥），主流口味是鹹的！韓國傳統的製作方法，只加鹽巴調味，配上紅豆自然的甜味，整體以鹹口味為主，有時也會在紅豆粥裡加入白色的糯米小湯圓（새알심）來增添口感。在韓國如果要吃點心類的甜紅豆粥，要找以砂糖調味的「단팥죽」（甜的紅豆粥）、「달콤팥죽」（甜味紅豆粥）。

古早味的點心——鍋巴（누룽지）

在瓦斯爐、電子鍋出現之前，韓國的廚房裡，還是在「灶」裡生火，使用大鐵鍋煮飯，米飯容易沾鍋，且鐵鍋太重也不易清洗，因此在米飯盛裝出來後，會倒

水進鐵鍋裡，用餘溫把水煮滾來喝，順便也把沾黏在鍋子裡的鍋巴飯粒泡軟，這樣不僅較好清洗，米飯所產生的澱粉，沒有菜餚味道干擾，更是可以感受到直接與唾液混合產生葡萄糖的甜味。因此以前韓國人習慣飯後喝碗鍋巴湯，有去油解膩的效果，讓嘴巴裡的味道清新，或是也會在鍋巴上灑糖乾吃，當成是餐後的點心。

咖啡
커피

　　韓國喝咖啡的風氣很興盛，咖啡店充滿大街小巷，就連茶店、麵包店，也一定至少有美式咖啡和原味拿鐵。在與商業辦公區相鄰的街上，中午用餐時間快結束時，都能看見拿著外帶飲料的上班族，三五成群地走回辦公室，他們手上的那杯飲料，很多都會是咖啡。

　　從日據時代開始，「茶坊」出現在朝鮮半島，隨著韓戰爆發、美軍進駐，開始有比較多茶坊販售咖啡。但韓國沒有種咖啡樹，從日據到韓戰期間，雖然少量進口咖啡豆，但也是上流社會專屬的昂貴飲料，韓戰後從駐韓美軍部隊的福利社裡，流出走私品到市面上的商品，咖啡就是其中之一，帶起韓國喝咖啡的風氣，茶坊紛紛開始提供咖啡。

　　直到 1960 年代後期，砂糖價格下降，咖啡才逐漸普及到韓國社會，之後 1970 年代即溶咖啡、三合一咖啡的問世，讓一般人更能輕易地喝到咖啡，受到各階層人士歡迎。1980 年代出現的咖啡自動販賣機，不只是路邊和車站都有，甚至在餐廳裡還有小台桌上型的款式，使得咖啡成為韓國人心目中必喝的餐後飲料第一名。

🔍 內用的環保政策

以往為了方便和節省洗杯子的人力，在韓國的咖啡店內用時，有些店家會直接做外帶杯，而客人也習慣飲料喝不完時可以直接帶走。但近年為了提倡環保政策，規定如果點餐時選擇內用，店家就要以可重複使用的杯子裝飲料給客人，選擇用外帶紙杯、塑膠杯的話，就不能在店內飲用。若提供內用客人一次性使用的杯子，店家有可能會被罰錢，還請多多體諒。

🔍 買冰的飲料比較貴？

韓國咖啡店的菜單上，不只會分大中小杯，滿多同品項會分成「Ice」（冰）、「Hot」（熱）相異價格，冷飲會比熱飲貴約₩500～1,000。為什麼冰飲比較貴呢？加冰塊不是會讓飲料變少嗎？除了冰塊需要成本，在製作冷飲時，為了維持一定的味道，咖啡濃度與調味糖漿的份量都要多一些，舉例來說，壓糖漿調味的時候，冷飲通常要比熱飲多壓至少兩次，因此冷飲的價格也會比同款熱飲較高一些。

🔍 韓國的飲料客製化

台灣手搖飲店盛行，很多台灣人習慣所謂的客製化飲料，例如：半糖、少糖、無糖，或是少冰、去冰等。在台灣，如果客人點冷飲去冰如冰拿鐵類，店員通常會加牛奶補到整杯滿，但在韓國可不會這樣。韓國人的口味喜好偏甜，除了美式、原味拿鐵這種原本就不加糖，可自行到旁邊吧台，依喜好按壓大罐糖漿之外，韓國的咖啡店不僅沒習慣改變甜度，就連「去冰補牛奶」也幾乎不會，如果點冰拿鐵去冰，大約只會有 7 分滿，這不是店員欺負外國人，而是當地的文化習慣喔！

代表性的餐後飲料——三合一咖啡

韓國最早的即溶咖啡，大約是在 1970 年代問世，因為沖泡方式便利，不用花時間磨咖啡豆，也不需要購買專門器具，並且咖啡粉有效期限長，保存方式更簡單，讓一般人也能輕鬆享用咖啡，但韓國喝咖啡的風氣普及，則是等到砂糖價格下降，結合即溶咖啡、奶精、砂糖的三合一咖啡出現之時。

之後發展出的咖啡隨身包，出外郊遊踏青、登山健行，只要多帶保溫瓶來裝熱水，就能隨時隨地喝到咖啡。1980 年代問世的咖啡自動販賣機，無論是一般常見的大台立式，或是餐廳的小台桌上型，不僅不用自備熱水，機器裡還會自動掉出紙杯來接咖啡，使得三合一咖啡更是深入日常生活，成為韓國代表性的飲料。

1	2
3	4

1. 韓國的三合一咖啡，若同款有藍色版，代表是可以直接用冰、冷水沖泡的咖啡 2. 韓國餐廳常見的小台咖啡機（可參閱 P.21 介紹）3. 箱裝的三合一咖啡，外箱常會多黏贈送的咖啡 4. 若有隨箱贈品，箱子上會有開小孔，可預先看到贈品的款式顏色

咖啡店相關用字

아이스／冰
aiseu
英文 Ice。

핫／熱
hat
英文 Hot。

사이즈／尺寸
saijeu
英文 Size。

쇼트／小
syoteu
英文 Short。

톨／中
tol
英文 Tall。

그란데／大
geurande
英文 Grande。

작은 것／小的
jageun got

큰 것／大的
keun got

여기／這裡
yogi
表示內用。

포장／打包
pojang
外帶，或是可用英文
Take out。

밀크／牛奶
milkeu
英文 Milk。

우유／牛奶
uyu
韓文的説法。

시럽／糖漿
sirop
英文 Syrup。

咖啡、拿鐵類飲料

1 | 2 | 3 / 4

1. 巧克力拿鐵（초코라떼）2. 粉紅拿鐵（핑크라떼），通常是櫻花或莓果口味 3. 咖啡拿鐵（카페라떼）4. 綠茶拿鐵（그린티라떼）

아메리카노／
美式咖啡
amerikano
英文 Americano。

카페라떼／**咖啡拿鐵**
kape-ratte
英文 Cafe Latte。

카푸치노／**卡布奇諾**
kapuchino
英文 Cappuccino。

카페모카／**咖啡摩卡**
kape-moka
英文 Cafe Mocha。

카라멜마끼아또／
焦糖瑪奇朵
karame-makkiatto
英文 Caramel Macchiato。

더치커피／**冰滴咖啡**
dochi-kopi
英文 Dutch Coffee。

에스프레소／
濃縮咖啡
eseupeureso
英文 Espresso。

바닐라라떼／
香草拿鐵
banilra-ratte
英文 Vanilla Latte。

핸드 드립 커피／
手沖咖啡
haendeu deurip kopi
英文 Hand drip coffee。

홍차라떼／
紅茶拿鐵
hongcha-ratte

그린티라떼／
綠茶拿鐵
geurinti-ratte
英文 Green Tea Latte。

두유라떼／**豆乳拿鐵**
duyu-ratte

고구마라떼／
地瓜拿鐵
goguma-ratte
有可能直接出紫薯口味。

자색 고구마라떼／
紫薯拿鐵
jasaek goguma-ratte

초코라떼／
巧克力拿鐵
choko-ratte
英文 Choco Latte。

아포가토／
濃縮咖啡加
香草冰淇淋
apogato
義大利文 Affogato
（阿芙佳朵）。

샤케라또／
濃縮冰搖咖啡
syakeratto
英文 Shakerato。

咖啡店其他常見飲料

1|2|3　1. 前：西瓜汁（수박주스）、後：奇異果汁（키위주스）　2. 草莓冰沙（딸기 스무디）
　　　3. 彩虹冰沙（무지개 스무디）

홍차／紅茶
hongcha

녹차／綠茶
nokcha

유자차／柚子茶
yujacha

레몬차／檸檬茶
remoncha

자몽차／葡萄柚茶
jamongcha

밀크티／奶茶
milkeuti
英文 Milk tea。

요거트／優格
yogoteu
英文 Yogurt。

에이드／ ADE 汽水
eideu
水果氣泡飲料。

딸기에이드／
草莓汽水
ttalgi-eideu

자몽에이드／
葡萄柚汽水
jamong-eideu

청포도에이드／
青葡萄汽水
chongpodo-eideu

레몬에이드／
檸檬汽水
remon-eideu

오렌지에이드／
柳橙汽水
orenji-eideu

스무디／冰沙
seumudi
英文 Smoothie。

딸기 스무디／
草莓冰沙
ttalgi seumudi

망고 스무디／
芒果冰沙
manggo seumudi

블루베리 스무디／
藍莓冰沙
beulruberi seumudi

키위 스무디／
奇異果冰沙
kiwi seumudi

복숭아 스무디／
桃子冰沙
bokssunga seumudi

1│2
1. 抹茶牛奶（말차우유）、紅茶牛奶（홍차우유）、椰子牛奶（코코넛우유）2. 桃子牛奶（피치우유）

冰沙、果汁在製作的時候，有可能會添加牛奶，若要去掉可參閱 P.248 實用會話詢問。牛奶的說法有兩種，分別為韓文「우유」（拼音：uyu），以及英譯「밀크」（拼音：milkeu），實務上兩者說法皆可，都能理解其意思。

주스／果汁
juseu
英文 Juice。

딸기주스／草莓果汁
ttalgi-juseu

수박주스／西瓜果汁
subak-juseu

청포도주스／
青葡萄果汁
chongpodo-juseu

자몽주스／
葡萄柚果汁
jamong-juseu

키위주스／奇異果汁
kiwi-juseu

자두주스／李子果汁
jadu-juseu

셰이크／奶昔
syeikeu
英文 Shake。

딸기 셰이크／
草莓奶昔
ttalgi syeikeu

바나나 셰이크／
香蕉奶昔
banana syeikeu

밀크셰이크／
牛奶奶昔
milkeu-syeikeu

멜론 셰이크／
哈密瓜奶昔
melron syeikeu

바닐라 셰이크／
香草奶昔
banilra syeikeu

우유／牛奶
uyu

딸기우유／草莓牛奶
ttalgi-uyu

피치우유／桃子牛奶
pichi-uyu

말차우유／抹茶牛奶
malcha-uyu

홍차우유／紅茶牛奶
hongcha-uyu

코코넛우유／
椰子牛奶
kokonot-uyu

바나나우유／
香蕉牛奶
banana-uyu

麵包、甜點
빵、디저트

　　現代韓國以外來語「디저트」（dessert）稱呼的點心，是指國外傳入的甜食。從日據時代的和菓子開始，韓戰時期隨美軍進駐朝鮮半島，更多西洋口味點心被引進，隨著許多甜點師傅於海外學成歸國，不僅讓韓國的麵包甜點可以跟得上國際發展，也使得口味更符合韓國人的喜好，甚至還有榮獲國際知名《米其林指南》推薦的麵包店。目前雖然多數的韓國人，還是以米飯為最重要的主食，覺得光吃點心不能吃飽，僅是飯後喝咖啡或下午茶的搭配，但隨著社會風氣影響市場變化，韓國人也越來越跟隨潮流，重視甜點的豐富多樣與精緻美味。

🔍 麵包的不同種類樣式

브레드
beuredeu

從英文「Bread」音譯而來，泛指各種類麵包的通稱。

식빵
sikppang

「식」（食）、「빵」（麵包），指吐司類的麵包，可能有包餡料。若在超市、大賣場販售，「토스트」（Toast）亦指沒有夾餡料的長條切片吐司。

토스트
toseuteu

雖然是從英文「Toast」音譯而來，但是在韓國，通常指的是夾有配料的煎吐司三明治。

🔍 傳統口味的蒸麵包──酒蒸糕（술빵）

　　雖然名稱叫做「빵」（麵包），但是比較像蒸糕，是一種用酒糟發酵麵團蒸製的傳統甜點，以前麵包還是昂貴的奢侈品時，韓國人習慣把外觀類似的食物都稱為麵包。製作酒蒸糕，多會加豆類、紅棗、南瓜、葡萄乾等當作配料，在傳統市場比較常看到，有戶外的節慶活動時，可以在賣小吃的攤車找到，或是地鐵站、巴士站的小票亭雜貨店，以及高速公路的休息站也能買到。雖然是使用酒糟來製作，但在蒸的過程酒精揮發，所以做好的蒸糕沒有酒味，涼了吃起來覺得稍硬，若能先加熱一下，則會有柔軟的口感。

1 | 2

1. 酒蒸糕（술빵）
2. 南瓜蒸糕（호박 술빵）

ⓠ 歷久不衰的國民甜品三兄弟

有些點心以現代的觀點來看，會有不夠營養健康的疑慮，但對於年長一輩的人來說，卻是美好的童年回憶。不妨拋開成見顧慮，來細細品味這些時代的意義吧！

香蕉味牛奶 바나나맛 우유 banana-mat uyu

韓戰後經濟不景氣，營養豐富的牛奶和香蕉都量少價高，為了讓人民能補充養分、嘗試味道，韓國「빙그레」（賓格瑞）公司，1974年推出以「바나나맛 우유」（香蕉味牛奶）為品牌名稱的調味乳，雖然是以食用香料調配，但在當時依然是高貴的奢侈品。對小朋友來說，香蕉味牛奶是逢年過節，或難得郊遊、搭火車的時候，才有機會喝到的珍貴童年回憶；窄底豐腰、半透明的瓶身，形似韓國製作泡菜的陶甕，透著象徵香蕉的淡黃色，圓潤飽滿的外型，除了可愛討喜，也有傳承的意味。

現在香蕉牛奶泛指各廠牌推出的產品，但最初的胖胖瓶香蕉味牛奶，在飲料選擇多樣化的現代，仍舊穩坐韓國市場占有率第一位，號稱有販售瓶裝飲料的店家，幾乎就一定會有它的身影，經過數十年變遷，在韓國食品發展史上，依然占有重要的一席之地。

1	3
2	4

1. 胖胖瓶香蕉牛奶，除了有綠字原味、藍字低卡之外，不定時也會推出其他特殊口味
2. 其他食品公司，也多有推出不同包裝樣式的香蕉牛奶 3.4. 若是在超市、大賣場購買多瓶組合，通常都會有折扣或是多一瓶贈品

巧克力派 초코파이 chokopai

韓戰後的年代，韓國社會正在恢復元氣，一般人民生活困苦，對連正餐都難吃飽的人來說，點心零食實在是奢侈的夢想。當時的東洋製菓（現在的「오리온」好麗友）公司，1973 年推出從美國引進的巧克力派，除了是平價的點心，在糧食不足或天氣寒冷的時候，巧克力就是最好的能量補給，發揮溫暖人心之功效。雖然之後韓國各家食品公司，都陸續推出了多種巧克力派或巧克力相關的點心，但好麗友公司製造、包裝上有著大大「情」字的紅色原味版，依然是韓國點心界的長銷熱門商品。

1 | 2 | 3　　1. 韓國最老牌的原味巧克力派，包裝上有代表人情味的「情」字 2.3. 後來各家廠商也陸續推出不同口味的巧克力派

豆乳 두유 duyu

黃豆含有豐富蛋白質，除了人體所需的胺基酸，以及維他命和礦物質等多種維生素，也有動物性食物所缺乏的卵磷脂、不飽和脂肪酸，在中國名醫李時珍的著作《本草綱目》，以及朝鮮名醫許浚的《東醫寶鑑》裡，都有記載黃豆的營養價值，而用黃豆製作的豆漿，比起豆腐更適合小孩或咀嚼不便的病患食用。

韓國是從韓戰後的 1973 年，開始推廣與豆漿類似的「두유」（豆乳），當時一般人很難喝得起牛奶，為了讓人民能補充養分，利用價格較便宜、保存期限較長，和牛奶有相似營養成分的豆乳來替代。適量飲用豆乳，可預防動脈硬化等成人疾病，也因不含乳糖，對於有牛奶過敏或乳糖不耐症的人來說，是很好的代用食品，後來也開發各種新口味，讓豆乳的種類更為豐富多變。

韓國的各種豆乳，以甜口味為主

성심당

聖心堂
songsimdang

米其林指南推薦

榮獲《米其林指南》推薦的麵包店。第一代老闆以神父給的麵粉，在大田火車站前販售蒸糕（P.213）維生，創業 60 多年以來，只賣「當天生產的麵包」，將剩餘的捐贈給有需要的人。歷經家族紛爭、1997 年亞洲金融風暴，以及火災危機，在鼓勵麵食的政策，還有口耳相傳、網路曝光的影響下，不只成為大田人喜歡的口味，就連許多外地人也專程去購買。

 DATA

地址 대전시 중구 대종로 480 번길 15（大田市中區大鐘路 480 號街 15）

時間 平日 08:00 ～ 22:00，假日 08:00 ～ 23:00

交通 大田地鐵 105 中央路站 2 號出口，步行約 1 分鐘，位於銀杏洞商圈內

滿滿紅豆內餡的甜點

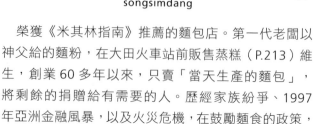

황남빵

皇南麵包
hwangnam-ppang

慶尚北道慶州市的代表甜點。日據時代傳入，名稱由來源自於皇南洞，以薄麵皮包著滿滿紅豆內餡，適合用無糖的熱茶或熱咖啡做搭配。新鮮現做的口感濕潤比較好吃，但常溫保存僅約 3 日（冷藏 7 日），機器製作的價格便宜、保存期限長，但口感比較乾。慶州各處多有以「황남빵」（皇南麵包）為名的店家，但一般公認的原始老店，位於大陵苑後門附近，新整修、橘色字樣的白色雙層建築。

 DATA

地址 경주시 태종로 783（慶州市太宗路 783）

時間 每日 08:00 ～ 22:00

交通 慶州高速巴士站步行約 15 分鐘

1		3
2		
	4	5
		6
7	8	

1.2.3. 水果派（과일 파이）4. 水果塔（과일 타르트）

5. 紅豆冰（팥빙수）6. 桃子刨冰（복숭아 빙수）

7. 草莓刨冰（딸기 빙수）8. 草莓鬆餅（딸기 와플）

甜點類菜單

1|2|3
4|5

1. 檸檬塔（레몬 타르트）2. 抹茶布丁（말차 푸딩）3. 野莓糖餅
（산딸기 호떡）4. 水果冰淇淋鬆餅（과일 아이스크림 와플）
5. 冰淇淋鬆餅（아이스크림 와플）

도넛／**甜甜圈**
donot
英文 Donut。

아이스크림／**冰淇淋**
aiseu-keurim
英文 Ice cream。

쿠키／**餅乾**
kuki
英文 Cookie，
指西式的餅乾。

팥빙수／**紅豆刨冰**
patppingsu

딸기 빙수／**草莓刨冰**
ttalgi bingsu

초코 빙수／
巧克力刨冰
choko bingsu

와플／**鬆餅**
wapeul
英文 Waffle。

팬케이크／**美式鬆餅**
paen-keikeu
英文 Pancake。

리에주 와플／
烈日鬆餅
rieju wapeul
英文 Liege waffle。

수플레／**舒芙蕾**
supeulre
法語 soufflé。

스콘／**司康**
seukon
英文 Scone。

크레페／**可麗餅**
keurepe
英文 Crepe。

타르트／**塔**
tareuteu
英文 Tart。

과일 타르트／**水果塔**
gwail tareuteu

츄러스／**吉拿棒**
chyuroseu
英文 Churros。

<table>
<tr><td>1</td><td>2</td></tr>
<tr><td>3</td><td>4</td></tr>
</table>

1. 傳統人情味烤吐司（인절미 토스트）2. 烤年糕條（가래떡）3. 草莓鮮奶油美式鬆餅（딸기 생크림 팬케이크）、草莓牛奶（딸기 우유）4. 烤棉花糖（구운 솜사탕）、天空藍優格冰沙（스카이 블루스）

파이／派
pai
英文 Pie。

과일 파이／水果派
gwail pai

머핀／馬芬
mopin
英文 Muffin。

프레즐／蝴蝶餅
peurejeul
英文 Pretzel。

에그타르트／蛋塔
egeu-tareuteu
英文 Egg tart。

후레쉬 슈／泡芙
hureswi syu
英文 Profiterole。

푸딩／布丁
puding
英文 Pudding。

마카롱／馬卡龍
makarong
英文 Macaroon。

샐러드／沙拉
saelrodeu
英文 Salad。

호떡／糖餅
hottok
少數茶店、咖啡店有提供。

인절미 토스트／
傳統人情味烤吐司
injolmi toseuteu
撒黃豆粉、夾年糕，
有些咖啡冰品店有售。

가래떡／烤年糕條
garaettok
傳統是沾蜂蜜，
新式做法會加起司。

麵包類菜單

1	2	3
4	5	6

1. 玉米麵包（옥수수빵）2. 鮮奶油麵包（생크림빵），為大邱名產 3. 起司烤厚片吐司（치즈 브레드）、巧克力拿鐵（초코라떼）4. 後：可頌（크루아상）、左：髒髒包（더티 초코）、右：丹麥麵包（데니쉬）5. 草莓義大利黃金麵包（딸기 팡도로）6. 草莓奶油可頌（딸기 크림 크루아상）

브레드／麵包
beuredeu

英文 Bread。

식빵／吐司
sikppang

토스트／吐司
toseuteu

英文 Toast，通常指的是有夾配料的煎吐司三明治。

단팥빵／甜紅豆麵包
danpat-ppang

옥수수빵／玉米麵包
okssusu-ppang

又稱麻藥麵包（마약빵），形容好吃到會上癮，大邱名店「三松麵包」（삼송빵집）的熱門商品。

생크림빵／鮮奶油麵包
saengkeurim-ppang

모닝롤／餐包
moningnol

데니쉬／丹麥麵包
deniswi

英文 Danish。

샌드위치／三明治
saendeu-wichi

英文 Sandwich。

소라빵／海螺麵包
sorappang

海螺造型夾甜內餡。

후레쉬팡／夾心麵包
hureswi-pang

或稱「후레쉬번」，內餡與之融合的四方形麵包。

크로크 무슈／烤起司總匯三明治
keurokeu musyu

法文 Croque monsieur。

크루아상／可頌
keuruasang

法文 Croissant。

圖 2©Daphne 探索生活趣、下圖 © 三小 a 的隨手拍寫

<table>
<tr><td>1</td><td>2</td><td>3</td></tr>
<tr><td>4</td><td>5</td><td>6</td></tr>
</table>

1. 蘋果派（애플파이） 2. 地瓜丹麥（고구마 데니쉬） 3. 水果丹麥（과일 데니쉬） 4. 可樂餅（고로케） 5. 熱狗麵包（소세지 브레드） 6. 右：牛奶奶油貝果（우유 크림 베이글）、左：牛奶奶油捲（우유 크림롤）

허니브레드／
蜂蜜厚片烤吐司
honi-beuredeu
英文 Honey Bread，
咖啡店裡通常會加奶油
一起吃。

팡도로／
義大利黃金麵包
pangdoro
義大利文 Pandoro。

고로케／**可樂餅**
goroke
英文 Croquette。

베이글／**貝果**
beigeul
英文 Bagel。

브리오쉬／**布里歐修**
beurioswi
法文 Brioche。

슈크림빵／
奶油麵包（黃奶油）
syukeurim-ppang

소세지빵／**熱狗麵包**
soseji-ppang

바게트／**法國麵包**
bageteu
法語 Baguette，
長棍麵包。

애플파이／**蘋果派**
aepeulpai

키슈／**鹹派**
kisyu
法文 Quiche。

더티 초코／**髒髒包**
doti choko
英文 Dirty choco，
也可以指同款咖啡。

蛋糕類菜單

1|2|3
4| 5
1. 草莓蛋糕（딸기 케이크）2. 杯子蛋糕（컵케이크）3. 草莓抹茶磅蛋糕（딸기 말차 파운드）4. 莓果提拉米蘇（베리 티라미수）5. 左：藍莓起司蛋糕（블루베리 치즈케이크）、右：紅絲絨起司蛋糕（레드벨벳 치즈케이크）

케이크、케익／**蛋糕**
keikeu、keik
英文 Cake
韓文有兩種寫法。

조각 케이크／
一塊蛋糕
jogak keikeu
圓形蛋糕切成三角狀一塊。

롤케이크／**蛋糕捲**
rolkeikeu
英文 Roll cake，瑞士捲。

컵케이크／**杯子蛋糕**
kop-keikeu

무스 케이크／
慕斯蛋糕
museu keikeu

딸기 케이크／
草莓蛋糕
ttalgi keikeu

생크림 케이크／
鮮奶油蛋糕
saengkeurim keikeu

호박 케이크／
南瓜蛋糕
hobak keikeu

초코 케이크／
巧克力蛋糕
choko keikeu
英文 Choco Cake。

퐁당쇼콜라／
熔岩巧克力蛋糕
pongdang-syokolra
法文 Fondant au chocolat。

파운드 케이크／
磅蛋糕
paundeu keikeu
英文 Pound cake。

1	2
3	4

1.前排：芒果慕斯（망고무스）、野莓蛋糕（산딸기 케이크），後排：綠茶生奶油捲（녹차 생크림롤）、舒芙蕾草莓球（슈플레볼） 2.彩虹蛋糕（무지개 케이크） 3.巧克力蛋糕捲（초코 롤 케이크）＋香草冰淇淋（바닐라 아이스크림） 4.巧克力布朗尼（초코 브라우니）＋香草冰淇淋（바닐라 아이스크림）

치즈케이크／
起司蛋糕
chijeu-keikeu

英文 Cheese Cake。

카스테라／**蜂蜜蛋糕**
kaseutera

日文カステラ（卡斯特拉），
類似長崎蛋糕。

크레이프 케이크／
千層蛋糕
keureipeu keikeu

과일 케이크／**水果蛋糕**
gwail keikeu

당근 케이크／
紅蘿蔔蛋糕
danggeun keikeu

티라미수／**提拉米蘇**
tiramisu

英文 Tiramisu。

브라우니／**布朗尼**
beurauni

英文 Brownie。

무지개 케이크／
彩虹蛋糕
mujigae keikeu

點心類常見口味

딸기／草莓
ttalgi

단팥／蜜紅豆
danpat

벌꿀／蜂蜜
bolkkul

허니／蜂蜜
honi
英文 Honey。

메론／哈密瓜
meron

바나나／香蕉
banana
英文 Banana。

망고／芒果
manggo
英文 Mango。

무화과／無花果
muhwagwa

청포도／青葡萄
chongpodo

말차／抹茶
malcha

녹차／綠茶
nokcha

자색 고구마／紫薯
jasaek goguma

고구마／地瓜
goguma
也有可能是紫薯口味。

애플／蘋果
aepeul
英文 Apple。

사과／蘋果
sagwa
韓文用法，
通常果汁類會使用。

레몬／檸檬
remon
英文 Lemon。

치즈／起司
chijeu
英文 Cheese。

우유／牛奶
uyu

크림／奶油
keurim
英文 Cream。

생크림／鮮奶油
saeng-keurim

카스터드／卡士達醬
kaseutodeu
英文 Custard，
又稱蛋黃奶油。

블루베리／藍莓
beulruberi
英文 Blueberry。

초콜렛／巧克力
chokoret
英文 Chocolate。

가나슈／
甘納許
ganasyu
法文 Ganache，混合
鮮奶油的巧克力製品。

토마토／番茄
tomato
英文 Tomato。

후두／核桃
hudu

양파／洋蔥
yangpa

西點類常見過敏原食材

밀／**小麥（粉）**
mil

대두／**大豆**
daedu

우유／**牛奶**
uyu

메밀／**蕎麥**
memil

견과류／**堅果類**
gyongwaryu

복숭아／**水蜜桃**
bokssunga

토마토／**番茄**
tomato

난류·계란／
蛋類·雞蛋
nalryu·gyeran

육류／**肉類**
yungnyu

갑각류·새우／
甲殼類·蝦子
gapkkangnyu·saeu

고등어／**鯖魚**
godeungo

조개류／**貝殼類**
jogaeryu

굴／**蚵仔**
gul

전복／**鮑魚**
jonbok

홍합／**紅蛤**
honghap
又稱為淡菜，
可參閱 P.118。

아황산 포함 식품／
牛磺酸包含食品
ahwangsan poham
sikpum

 實用會話

저는 ＿＿＿＿＿＿ 알레르기가 있어요 .
我對 ＿＿＿＿＿＿ 過敏。
joneun ＿＿＿＿＿＿ alrereugiga issoyo.

225

傳統茶
전통차

　　相較於熱門的特色咖啡店，感覺較為老派沒落的傳統茶店，正在韓國飲品界逐漸翻紅。無論是古早味裝潢，有身穿古裝的長輩出沒的茶坊，或是經由老建築保存計畫，在新、舊韓屋裡經營的茶店，不時都會看到有喜歡復古風情的年輕人或外國人到訪。韓國傳統茶的特色在於，不是只有茶葉，而是包括：根、莖、種子、果實、花葉、穀物等都可以用來製茶。原料經過長時間浸泡，或是熬煮、發酵等製程，再以熱水沖泡來飲用，部分會加入蜂蜜來調味，除了自己的喜好之外，也可依照身體情況來選擇喝什麼茶喔！

🔍 甘甜解暑的傳統飲料 —— 甜米露（식혜）

在韓國蒸氣房、市場和茶店裡，呈混濁米白色的
冷飲「식혜」（甜米露），是很常見的傳統飲料。
甜米露起源於朝鮮半島的北方地區，最早不是甜飲，
而是加入多種魚類海鮮的拌飯食材「魚蝦醬」。往南
傳到慶尚北道的安東地區，因為內陸地區鮮魚珍貴，
所以改由白飯、白蘿蔔、辣椒粉取代，形成特有橘
紅色「안동 식혜」（安東米露），習慣在飯後飲用。
而後傳到朝鮮半島各地，配合風俗民情與百姓喜歡
的口味，又變化成為飯後的冷飲甜品，以麥芽和白
飯發酵製作，有些地區還會加入松子，喝起來味道
清爽、甘甜解熱。在泡完湯、待過汗蒸幕烤箱之後，
是蒸氣房裡的常見熱門飲料。

1
2
1.高粱煎餅（수수전병）、
甜米露（식혜）2. 手工煮
的甜米露，也可在少數咖
啡店喝到

因為原始的「식혜」是以海鮮製作，所以韓文裡有句俗語：「식혜 먹은 고양이 속」（吃
了酒釀的貓的心），貓咪偷吃了有著濃郁鮮味的發酵酒釀，比喻做賊心虛，心情忐忑不安。

🔍 回憶的零食 —— 米餅（뻥튀기）、米香（쌀 뻥튀기）

將稻米放入壓力爐，以滾動的方式加熱，當爐蓋被打開時，米粒裡的水分轉變
為氣體，但爐內高壓還來不及釋放，因此稻米炸裂、產生爆破的聲音。雖然詳細
起源不明，但類似的食品在世界各國都有，例如：美國的爆米花、台灣的爆米香、
日本的仙貝。韓國傳統茶坊裡常用來配茶當零食的單顆「米香」，
或是在戶外山區景點，常有攤販銷售圓形「뻥튀기」（米餅）。
大約是從日據時代開始流行，韓戰後利用廢棄砲彈作為容
器，將米粒放入其中加熱，做成平價的大眾化點心。韓文裡
「뻥」就是代表爆炸時「碰」的狀聲詞，最早是米白色的原
味，後來才出現各種顏色口味，或是做成愛心形狀的米餅。

常見傳統茶點菜單

1｜2｜3　1. 左：生薑茶（생강차）、右：梅實茶（매실차）2. 五味子茶（오미자차）3. 大棗茶（대추차）

韓國提供傳統茶的店家，通常也會有基本的美式、拿鐵咖啡，或是部分店家也有果汁類可選擇，相關菜單可參閱 P.209～P.211。

대추차／**大棗茶**
daechucha
紅棗茶，安神養血。

오미자차／**五味子茶**
omijacha
改善肝、呼吸器官功能。

매실차／**梅實茶**
maesilcha
促進消化，改善腸胃功能。

생강차／**生薑茶**
saenggangcha
溫肺止咳，改善手腳冰冷。

모과차／**木瓜茶**
mogwacha
改善感冒、支氣管炎症狀。

유자차／**柚子茶**
yujacha
健胃潤肺，舒緩咳嗽症狀。

인삼차／**人蔘茶**
insamcha
恢復元氣，強化免疫力。

홍삼차／**紅蔘茶**
hongsamcha
味道較人蔘茶清爽。

쌍화차／**雙和茶**
ssanghwacha
恢復體力，預防感冒。

국화차／**菊花茶**
gukwacha
養肝明目，舒緩頭痛症狀。

복분자차／**覆盆子茶**
bokppunjacha
抗菌消炎，改善血液循環。

매화차／**梅花茶**
maehwacha
健胃養脾、清熱解毒。

식혜／**甜米露**
sikye
改善消化不良。

수정과／**水正果**
sujonggwa
生薑桂皮茶，
促進新陳代謝、幫助消化。

미숫가루／**麵茶**
misutkkaru
恢復體力，預防血管疾病。

감잎차／**柿葉茶**
gamnipcha
預防高血壓、動脈硬化。

쑥차／**艾草茶**
ssukcha
舒緩月經、腸胃不調症狀。

율무차／**薏仁茶**
yulmucha
消除皮膚色素斑點，
促進新陳代謝。

연잎차／**蓮葉茶**
yonnipcha
減少毒素沉積，
改善脂肪肝、控制血糖。

녹차／**綠茶**
nokcha
提神醒腦、增加骨質密度，
抗氧化、防衰老。

1	2
3	4	5

1.2. 烤年糕（가래떡 구이）、藥菓（약과）3. 傳統的烤年糕會沾蜂蜜或糖漿來吃

4. 部分茶店也會有鬆餅、冰淇淋等甜點 5. 傳統年糕（전통떡）

인절미／

人情味（年糕）

injolmi

傳統口味沾黃豆粉吃。

가래떡 구이／烤年糕

garaettok gui

通常會沾蜂蜜或

糖漿來吃。

팥빙수／紅豆刨冰

patppingsu

말차 빙수／抹茶刨冰

malcha bingsu

通常會加紅豆泥。

한과／韓菓

hangwa

韓國傳統點心的通稱。

쌀 뻥튀기／米香

ssal ppongtwigi

약과／藥菓

yakkkwa

以麵粉、芝麻油製作的

傳統甜點，通常是扁圓形。

호떡／糖餅

hottok

꿀떡／蜜年糕

kkulttok

동지팥죽／

冬至紅豆粥

dongji-patjjuk

韓國傳統鹹口味。

단팥죽／甜紅豆粥

danpatjjuk

호박죽／南瓜粥

hobakjjuk

과자／餅乾

gwaja

茶店裡通常指

傳統古早味的餅乾。

양갱／羊羹

yanggaeng

煎吐司、早午餐
토스트、브런치

　　傳統韓國人習慣在家吃早餐，但近年外食頻率變高，除了速食店和飯捲店，西式早餐店也越來越多。韓國的西式煎吐司，口味選擇豐富多樣，吐司和食材都先在鐵板上煎好，再加入生菜、醃黃瓜、煎蛋和沙拉醬等，通常會以 Best、Special、MVP 來代表加料升級的豪華版。很多咖啡店會有西式的早午餐（브런치、Brunch），通常從開店到打烊都有提供，晚些起床也不用擔心，還是會有滿多選擇。

🔍 西式煎吐司哪裡吃

　　以 2～3 片煎好的吐司，把各種配料夾著一起吃，韓國的西式吐司店，通常開在學校、巴士站、傳統市場、鬧區商圈等周邊，除了自營店家，還有知名的連鎖店「Isaac Toast」，以及從韓國開始、近年熱門的正宗盒裝吐司「EGG DROP」。有別於韓國為數眾多的咖啡店，這類店家提供的飲料會以各類果汁為主，而且部分還是用新鮮水果現點現打來製作。可以單選一種，或是有些店家也可以製作混合果汁喔！

煎吐司、早午餐的常見食材

1 | 2
3 | 4 | 5

1. 韓國近年熱門的連鎖吐司店「EGG DROP」2. 韓國的早午餐「브런치」（Brunch），包含咖啡店、煎吐司店等，通常到晚上也都吃得到 3. 韓式烤排（불갈비）＋起司（치즈）4. 有些店家把煎吐司用紙包好後會切，更方便直接吃 5. 韓國煎吐司的特色，包含吐司和各種食材，都是在鐵板上先煎過

토스트／吐司 toseuteu	햄／火腿 haem	피자／披薩 pija
소불고기／烤牛肉 sobulgogi	베이컨／培根 beikon	게맛살／蟹味棒 gematssal
참치／鮪魚 chamchi	짬뽕／辣海鮮 jjamppong	계란／雞蛋 gyeran
불고기／韓式烤肉 bulgogi	치킨／雞肉 chikin	야채／野菜 yachae
불갈비／韓式烤排 bulgalbi	닭가슴살／雞胸肉 dakk-kaseumsal	치즈／起司 chijeu
떡갈비／ 韓式年糕烤排 ttokkkalbi 口味偏甜。	새우／蝦 saeu	
	고구마／地瓜 goguma	

煎吐司、早午餐的搭配飲料

$\frac{1\ |}{2\ |}$ 3　1. 草莓果汁（딸기주스）2. 鳳梨果汁（파인애플주스）3. 有些煎吐司店，也會販售各種新鮮現打的果汁

주스／果汁
juseu

딸기／草莓
ttalgi

키위／奇異果
kiwi

파인애플／鳳梨
painaepeul

토마토／番茄
tomato

바나나／香蕉
banana

오렌지／柳橙
orenji

복숭아／水蜜桃
bokssunga

블루베리／藍莓
beulruberi

섞어주스／綜合果汁
sokko-juseu

딸기 + 바나나／
草莓＋香蕉
ttalgi + banana

오렌지 + 바나나／
柳橙＋香蕉
orenji + banana

키위 + 바나나／
奇異果＋香蕉
kiwi + banana

딸기 + 키위／
草莓＋奇異果
ttalgi + kiwi

복숭아 + 자두／
水蜜桃＋李子
bokssunga + jadu

오렌지 + 키위／
柳橙＋奇異果
orenji + kiwi

아메리카노／
美式咖啡
amerikano

카페 라떼／咖啡拿鐵
kape ratte

아이스티／冰茶
aiseuti

아이스／冰
aiseu

핫／熱
hat

街邊小吃也能是一餐

有些人的國外旅行，不要求一定要走哪些景點，也沒有所謂的必去必訪，反而是以美食為重點主軸，用「吃什麼」來安排行程。來韓國很需要大容量的胃袋，從眾多餐廳美食一路吃到這裡，如果沒有品嚐在地小吃，那就真的是太可惜了啊！在韓國的各個商區和傳統市場，或是近年興起的夜市，都可以體驗道地韓國小吃，甚至連搭巴士移動，在高速公路休息站裡，也都有豐富的各類點心。什麼，怕胖、要減肥？旅遊字典裡可沒這詞彙唷！

參考價位：
辣炒年糕、血腸每份約₩3,000～4,000，其他小吃每樣約₩1,000～3,000起。

韓式路邊攤——包裝馬車（포장마차）

韓國販賣小吃餐點的路邊攤稱為「포장」（包裝）＋「마차」（馬車），確切起源時間不明，但原型是從古代牛、馬拉的拖板車攤販開始，由商品交易逐漸演變而成。「包裝馬車」大多都會以帆布覆蓋在外作為遮擋，1950 年代從首爾清溪川附近，逐漸形成群聚的攤販街，並發展到韓國各地。包裝馬車販售的餐點不固定，會依照地區不同而有變化，提醒要留意的是，多數這樣的路邊攤沒有價目表，且與台灣人的既有印象相異，韓國餐飲路邊攤的價位，會比在店面裡吃要高一些，建議點餐前要先詢問價格為佳。

傳統甜食點心——糖餅（호떡）

將麵團揉成球型，再把糖粉包在裡面，然後壓扁油炸的食物。「호떡」（糖餅）是韓國傳統的甜點小吃，大約是清末開始出現於朝鮮半島，名稱來自最初的原型，西域「호」（胡）人吃的餅，也就是中原地區的燒餅，而韓文以「떡」（年糕）來稱呼，是因為材料不只有麵粉，還加入年糕的主材料—糯米粉，吃起來較為有嚼勁。

傳統的古早味糖餅，是用烤的方式製作，現在市區少見。後因為有社福機構的輔導推動，所以大多是聾啞人士以小貨車不固定地點販售。剛出爐的熱乎乎糖餅，會以紙杯裝著吃，或是用厚紙片夾著，糖粉經過高溫會化成糖漿，吃的時候要小心燙口。釜山地區的特色做法，會在糖餅裡加五穀雜糧，其他地區也有以綠茶粉做餅皮，外觀做成愛心形狀，或是加入蔬菜的鹹口味等變化。

1
2	3	4

1. 糖餅（호떡）2. 傳統糖餅（옛날 호떡）3. 釜山地區的糖餅，在油炸後會包入五穀雜糧 4. 高粱煎餅（수수전병），部分傳統市場和市集會有

古代的炒年糕其實不辣

現在的韓國炒年糕，大多是紅色的辣味醬汁，所以又被稱為辣炒年糕（떡볶이）。但是在辣椒還沒有傳入的朝鮮時代，當時的炒年糕是宮廷料理，作法不同於現在紅色的辣炒年糕，而是用芝麻油和醬料拌炒而成，如今大多會稱為宮廷炒年糕（궁중 떡볶이）。如今韓國到處可見的辣炒年糕，其中有一種說法，是 1950 年代從首爾新堂洞開始，由一位老奶奶所開發出來的口味，又辣又甜的滋味深受當地居民喜愛，所以逐漸被廣為模仿，因此「新堂洞辣炒年糕」，也成為韓國炒年糕的知名代表。

> ⚑ **DATA**
>
> 新堂洞辣炒年糕城（신당동 떡볶이 타운）
>
> **地址** 서울시 중구 신당동（首爾市中區新堂洞）
>
> **時間** 各店家不同，約從上午到深夜 12 點
>
> **交通** 首爾地鐵 635 新堂站 7、8 號出口，步行約 2～5 分鐘的街區

街頭常見的烤麵包家族

韓戰後的 1960 年代，當時人民生活困苦，很少有人能吃得起昂貴的西式點心麵包，因此韓國出現了稱為「풀빵」，把麵糊倒入鐵製模具加熱製成的平價點心。類似台灣的車輪餅和雞蛋糕，直到現在，也是韓國人常會吃的甜點類小吃。各地區發展出多種樣式，雖然一年四季都有，但因為熱乎乎的甜味會讓人有溫暖的感覺，所以冬天特別熱門。等車的時候隨手買一包，不只能墊胃，也可以暖手心唷！

1｜2

1. 大蟹麵包（대게빵），慶尚北道的海港城市─浦項，最大的竹島市場裡的小吃 2. 大便麵包（똥빵），首爾仁寺洞「森吉街」的有名小吃

鯽魚餅 붕어빵 bungoppang

　　起源於日本的鯛魚燒，是韓戰後最早出現的平價甜點之一。主要是紅豆沙內餡，將麵糊倒入模具中，然後再把餡料加入，並用強火燒烤。雖然現在也會有其他口味，如：起司、地瓜、巧克力等，或餅皮為不同顏色，但是以路邊的小攤販來說，幾乎都還是只有賣紅豆口味。

好吃的饅頭 델리만쥬 delrimanjyu

　　有搭過韓國的市區地鐵，或是去過巴士轉運站、休息站，搭長途車班前往其他城市，很常會在車站或地下街的便利商店，看到販售玉米奶油小蛋糕（或稱：粟米燒）的攤位。韓文名稱的由來，「델리」是英文「Delicious」（好吃），而「만쥬」則是日文「まんじゅう」（饅頭），據說最早是 1998 年左右，從首爾地鐵明洞站的地下街開始出現，外型似玉蜀黍，內餡為卡士達醬（加了蛋的奶油）。經過烘烤散發出會吸引人的甜味，加上價格相對便宜，因此成為熱門的平價甜點。

菊花麵包 국화빵 gukwappang

　　韓戰後和鯽魚餅同時期出現的平價小吃點心，以麵團和紅豆沙在菊花形狀模具中烘烤的食物。由來的說法較無定論，有人認為是與日本有關，但也有人覺得，菊花麵包的模具概念來自於傳統建築，形狀類似屋簷最前面稱為「瓦當」的圓形瓦片。最早是紅豆餡，後來還添加了蜂蜜、花生和核桃，經過烤製之後，表皮會稍微有些酥脆，但內裡是濕潤的口感。

圖上 ©Dina 的幸福旅程、圖中 © 大邱市文化體育觀光局

雞蛋麵包 계란빵 gyeranppang

稱為「雞蛋糕」也許會更為貼切，在西式麵包還相對昂貴的年代，把名稱取為「빵」（麵包），稍微彌補吃不到麵包的心情。據説最早是 1984 年在韓國仁荷大學附近出現，韓式口味的作法，在模具裡倒入麵糊，再加上一整顆雞蛋烤熟。天冷時站在冒出白煙的烤爐旁，裝有雞蛋糕的紙杯相當暖手，吃下去更是暖胃。後來陸續出現加起司、洋蔥、火腿、培根等的進階版，是冬季的熱門小吃。

核桃餅乾 호두과자 hodugwaja

　　起源於盛產核桃的韓國天安市，由當地人所發明的點心。雖然稱為餅乾，但其實口感形狀都比較像麵包。先把麵糊倒入胡桃狀模具，再將混有核桃的紅豆沙加進去；以前使用發酵麵團製作的甜口味食品，才會稱為麵包，但這個點心因為是使用麵糊，所以即使口味是甜的、形狀是圓的，也不稱之為麵包，而是以「과자」（餅乾）命名。由於天安市是重要的交通轉運站，因而「核桃餅乾」成為韓國巴士鐵路車站和休息區的代表點心。

花生餅乾 땅콩과자 ttangkong-gwaja

　　從釜山地區開始的街邊小吃，與「核桃餅乾」的名稱由來類似，但內餡換成花生，形狀也作成花生的樣子。但花生是熱帶、亞熱帶的作物，對位處高緯度的韓國來説，其實不容易種植，因此「花生餅乾」在市場上的能見度不高。反觀天安市的核桃產量，就足以供給全韓國大部分的地區，所以帶動相關產品也更為普及化。

圖中 ©Shisan、圖下 ©Dina 的幸福旅程

🔍 戰後的回憶——扁餃子（납짝만두）

這是一種飽含歷史回憶的小吃。韓戰後各種物資缺乏，加上為了降低中式煎餃的油膩度，而在大邱開發出的新吃法。將少量剁碎的韓式冬粉、韭菜、大蔥、紅蘿蔔、洋白菜等，用餃子皮包成扁狀半月形，然後煎煮來吃。也許是餡料切得很細碎，且口味較清淡，光吃扁餃子難有飽足感，因而衍伸出多樣的吃法，通常會搭配烏龍麵、辣炒年糕，或是包著辣涼拌海鮮一起吃。

扁餃子可以單吃，或是有淋上醬油、沾辣炒年糕醬汁、包辣涼拌海鮮等吃法

🔍 復古的童玩小吃——焦糖餅（달고나）

詳細起源已不可考，大約從韓戰後的 1950 年代開始。材料簡單、製作成本不高，是盛行於韓國街頭的小吃。韓文名稱也作「뽑기」，取自玩焦糖餅時抽或拔的動作；購買上面有壓圖案的完整焦糖餅，會附帶提供一支牙籤，挑戰用牙籤把焦糖餅中間的圖案分離出來，但不論成功或失敗都可以吃，是老一輩韓國人的回憶童玩。

🔍 暗黑系伴手禮——蠶蛹（번데기）

多數外國人看到都會怕怕的煮蠶蛹，源自於韓戰結束之後，韓國社會正處於百業待興的艱困時刻，食物來源不足，剛好當時進行養蠶工業計畫，為了處理大量的蠶蛹，因此煮來食用，是貧困生活的重要蛋白質來源之一。雖然現代人的蠶蛹食用量降低許多，但是在傳統市場和郊區山裡的旅遊景點，或是少數餐廳裡，還是有機會看到煮蠶蛹。在超市大賣場也能買到蠶蛹罐頭，是極有特色的伴手禮唷！

圖中 © 慶尚北道文化觀光公社、圖下 ©Daphne 探索生活趣

韓國的常見小吃

1

2	3
4	5
	6

1. 魚板串（오뎅）2. 以小碟子分裝適量醬油，作為魚板串的沾醬 3. 魚板串（오뎅）、辣炒年糕（떡볶이）4. 小吃攤的魚糕湯，吃其他東西也可以喝 5. 煎餅（부침개）、辣炒年糕（떡볶이）6. 血腸（순대）

| 1 | 2 | 3 |
| 4 | 5 | 6 |

1. 魚糕棒（핫바）2. 奶油魷魚（버터 오징어）3. 魷魚乾（마른 오징어）、魚乾（어포）4. 糖餅（호떡）5. 傳統糖餅（옛날 호떡）6. 年糕小熱狗串（소떡소떡）

떡볶이／**辣炒年糕**
ttokppokki

순대／**血腸**
sundae

김밥／**紫菜飯捲**
gimbap

오뎅／**魚板串**
odeng

핫바／**魚糕棒**
hatppa

닭강정／**雞菓子**
dakk-kangjong
杯裝調味炸雞。

호떡／**糖餅**
hottok

씨앗 호떡／**五穀糖餅**
ssiat hottok

야채 호떡／**蔬菜糖餅**
yachae hottok

꿀 호떡／**蜂蜜糖餅**
kkul hottok

치즈 호떡／**起司糖餅**
chijeu hottok

옛날 호떡／**傳統糖餅**
yennal hottok

델리만쥬／
好吃的饅頭
delrimanjyu
又稱為粟米燒、
玉米奶油小蛋糕。

붕어빵／**鯽魚餅**
bungoppang

국화빵／**菊花麵包**
gukwappang

계란빵／**雞蛋麵包**
gyeranppang

호두과자／**核桃餅乾**
hodugwaja
口感比較類似雞蛋糕。

땅콩과자／**花生餅乾**
ttangkong-gwaja
口感比較類似雞蛋糕。

소시지／**熱狗**
sosiji

<table>
<tr><td>1</td><td>2</td></tr>
<tr><td>3</td><td>4</td><td>5</td></tr>
</table>

1. 烤銀杏果（구운 은행）、烤栗子（군밤）2. 各種串物 3. 雞心串（닭염통 꼬치）、雞肉串（닭꼬치）、年糕小熱狗串（소떡소떡）4. 雞肉串（닭꼬치）5. 煎餃（군만두）

소떡소떡／
年糕小熱狗串
sottok-ssottok

핫도그／
大熱狗（油炸）
hatttogeu
通常會淋番茄醬、
撒糖粉來吃。

닭꼬치／**雞肉串**
dakkkochi

튀김／**炸物**
twigim

부침개／**煎餅**
buchimgae

군만두／**煎餃**
gunmandu

와플／**鬆餅**
wapeul

아이스크림 와플／
冰淇淋鬆餅
aiseukeurim wapeul

쥐포 구이／**烤魚片**
jwipo gui

어포／**魚乾**
opo

마른 오징어／**魷魚乾**
mareun ojingo

버터 오징어／
奶油魷魚
boto ojingo

닭 염통 꼬치／**雞心串**
dak yomtong kkochi

유부주머니／
豆皮包粉絲
yubu-jumoni

납짝만두／**扁餃子**
napjjang-mandu

군밤／**烤栗子**
guunbam

구운 은행／**烤銀杏果**
guun eunhaeng

달고나／**焦糖餅**
dalgona

번데기／**蠶蛹**
bondegi

구운 가래떡／**烤年糕**
guun garaettok

군옥수수／**烤玉米**
gun-okssusu

1		3
2		
4		5
6		7
		8

1.雞菓子（닭강정）2.鯽魚餅（붕어빵）3.烤玉米（군옥수수）4.大熱狗（핫도그）5.豆皮包粉絲（유부주머니）6.炸物（튀김）7.菊花麵包（국화빵）8.雞蛋麵包（계란빵）

圖 2©Dina 的幸福旅程

辣年糕也可以來一鍋

　　韓國很常見的小吃辣炒年糕，除了在路邊攤車，以及傳統市場、飯捲天國（P.189）等地方能吃到之外，也有專門提供辣年糕鍋的店家，通常是2人份起可以點餐。或是也有吃到飽的餐廳，除了各種口味樣式的年糕，還能添加魚板、泡麵、起司、小熱狗等配料，甚至還有加海鮮的豪華版。此外，通常也可以調整辣度，更能符合不同的喜好口味。

※ 調整辣度的相關會話可參閱 P.248、P.249。

辣年糕鍋相關菜單

1 | 2 / 3　1. 韓國人喜歡年糕鍋配起司一起吃　2. 煎餃等炸物也能加到年糕鍋裡一起煮
3. 辣年糕鍋的店家，通常也可以最後加點炒飯

떡볶이／辣炒年糕
ttokppokki

치즈 떡볶이／
起司辣炒年糕
chijeu ttokppokki

해물 떡볶이／
海鮮辣炒年糕
haemul ttokppokki

불고기 떡볶이／
烤肉鍋辣炒年糕
bulgogi ttokppokki

부대 떡볶이／
部隊鍋辣炒年糕
budae ttokppokki

야채 떡볶이／
蔬菜辣炒年糕
yachae ttokppokki

라면／泡麵
ramyon

쫄면／韓式 Q 麵
jjolmyon

당면／韓式冬粉
dangmyon

우동／烏龍麵
udong

오뎅／魚板
odeng

떡／年糕
ttok

고구마떡／地瓜年糕
gogumattok

```
1 |
2 | 3
```

1. 單點的年糕鍋，通常每鍋 2 人份起
2.3. 吃到飽的店家可以搭配更多不同的食材

치즈떡／**起司年糕** chijeuttok	스팸햄／**午餐肉** seupaem-haem	소세지／**小熱狗** soseji
단호박떡／**南瓜年糕** danhobak-ttok	김말이／ **炸小紫菜飯捲** gimmari	수제비／**麵疙瘩** sujebi
물만두／**水餃** mulmandu 加點類通常為小顆。	치즈／**起司** chijeu	모듬／**綜合** modeum
군만두／**煎餃** gunmandu	계란／**雞蛋** gyeran	복음밥／**炒飯** bokkeumbap
햄／**火腿** haem	순대／**血腸** sundae	치즈 복음밥／**起司炒飯** chijeu bokkeumbap

吃飯實用會話

　　韓語的用字，會依照雙方年紀、身份、情況等不同而相異。本書主要目的，是幫助外國旅客能在韓國順利點餐吃飯，在不考慮其他因素的情況下，會話以「一般敬語」為主。素食相關因為有特殊性，所以單獨放置於篇章內，可參閱 P.201。炸雞和其他餐點外送，實用會話可參閱 P.66。

在餐廳點餐，或是用餐時有需要追加的物品，可以直接拿起來給店員看，數量用手指比出來。比起使用文字表達，肢體語言有時會更為直接方便喔！

 消費之前，會想知道的資訊

영업 시간은 몇 시부터 몇 시까지예요 ?
營業時間是幾點到幾點？
yongop siganeun myot sibuto myot sikkajieyo?

우리 총 _____ 명 , 성인 _____ 명 , 아동 _____ 명이에요 .
我們總共有 _____ 人，大人 _____ 人，小孩 _____ 人。
uri chong _____ myong, songin _____ myong, adong _____ myongieyo.

지금 자리 있나요 ?
現在有空位嗎？
jigeum jari innayo?

유아용 의자 _____ 개 필요해요 .
我們需要 _____ 張兒童椅。
yuayong uija _____ gae piryohaeyo.

포장 되나요 ?
請問可以外帶嗎？
pojang dwenayo?

얼마나 기다려야 하나요 ?
請問要等多久呢？
olmana gidaryoya hanayo?

 詢問想要的座位樣式

여기 _____ 있나요 ?
請問有 ＿（座位樣式）＿ 嗎？
yogi _____ innayo?

替換用字		
일반 테이블 一般桌位 ilban teibeul	좌식 테이블 地板座位 jwasik teibeul	룸 包廂 rum

 點餐時的實用會話

추천 메뉴 있나요 ?
有什麼推薦的嗎？
chuchon menyu innayo?

이거 주세요 .
請給我這個。（指菜單）
igo juseyo.

같은 거로 주세요 .
請給我一份相同的。（同時比一下別桌點的菜）
gateun goro juseyo.

세트로 주세요 .
請給我套餐。
seteuro juseyo.

단품만 주세요 .
我只要單點。
danpumman juseyo.

중국어 가능한 분 계세요?
有會講中文的人嗎?
junggugo ganeunghan bun gyeseyo?

중국어 메뉴판 있어요?
有中文菜單嗎?
junggugo menyupan issoyo?

 餐點的味道相關

어떤 음식이 _____ 지 않아요?
什麼食物是不 _____ 的?
otton eumsigi _____ ji anayo?

_____ 게 해 주세요.
請給我 _____ 一點。
_____ ge hae juseyo.

조금만 _____ 게 해 주세요.
請給我一點 _____ 即可。
jogeum-man _____ ge hae juseyo.

맵지 않게 해 주세요.
不要辣。
maepjji anke hae juseyo.

偶爾還是會辣,因為店家常會說不辣
不好吃。

_____ 빼고 주세요.
請幫忙去掉 _____ 。
_____ ppaego juseyo.

口味與調味料

맵다 辣 maeptta	시다 酸 sida	달다 甜 dalda	쓰다 苦 sseuda
짜다 鹹 jjada	파 蔥 pa	마늘 蒜 maneul	양파 洋蔥 yangpa

常見想去掉的				
고추 辣椒 gochu	당근 紅蘿蔔 danggeun	깻잎 芝麻葉 kkqesip	오이 小黃瓜 oi	우유 牛奶 uyu

辣味的等級			
순한 맛 幾乎不太辣 sunhan mat	조금 매운 맛 只有一點辣 jogeum maeun mat	중간 매운 맛 中間辣一點 junggan maeun mat	최고 매운 맛 最高非常辣 chwego maeun mat

 用餐時的實用會話

특별한 먹는 방법이 있나요?
請問這道料理有特別的吃法嗎?
teukppyolhan mongneun bangbobi innayo?

맛있어요.
好吃。
madissoyo.

물 좀 주세요.
請幫我加水。
mul jom juseyo.
喝的水,或是直接舉起空瓶。

반찬 좀 더 주세요.
請幫我加小菜。
banchan jom do juseyo.
剩一點在盤子裡,指給店員看。

좀 치워 주세요.
請幫我清理。
jom chiwo juseyo.
指桌面,或是打翻的餐點飲料。

需要服務的時候

_____ 주세요 .
請給我（物品）。
_____ juseyo.

하나 더 주세요 .
再來一份。
hana do juseyo.
加點餐時使用。

（物品）（數量）개 더 주세요 .
請再給我（數量）個（物品）。
（物品）（數量） gae do juseyo.

物品與餐具

메뉴판 菜單 menyupan	물 水 mul	반찬 小菜 banchan	앞치마 圍裙 apchima
젓가락 筷子 jogarak	숟가락 湯匙（個人用） sutkkarak	앞접시 小碟子 apjjopssi	그릇 空碗 geureut
가위 剪刀 gawi	집게 夾子 jipkke	포크 叉子 pokeu	칼 刀子 kal
국자 大湯匙（舀湯用） gukjja	빨대 吸管 ppaldae	아기용 식기 兒童餐具 agiyong sikkki	아기용 의자 兒童椅 agiyong uija
티슈 面紙 tisyu	물티슈 濕紙巾 multisyu	맥주 잔 啤酒杯 maekjju jan	소주 잔 燒酒杯 soju jan

用餐時其他需求／反應

화장실 키 주세요 . ／화장실 비밀번호 알려주세요 .

請給我廁所的鑰匙。／請告訴我廁所的密碼。

hwajangsil ki juseyo. ／ hwajangsil bimilbonho alryojuseyo.

可參閱 P.19 韓國的餐飲文化。

불 / 가스 다 떨어졌어요 .

沒有火／瓦斯了。

bul ／ gaseu da ttorojossoyo.

자리 바꿀 수 있나요 ?

可以更換座位嗎？

jari bakkul su innayo?

콘센트／외이파이 써도 되나요 ? .

可以使用插座／ Wi-Fi 嗎？

konsenteu ／ weipai ssodo dwenayo ?

 燒烤店的實用會話

큰 봉지 있어요 ?

請問有大塑膠袋嗎？

keun bongji issoyo?

有些餐廳會準備大型塑膠袋，讓客人放包包外套，防止沾到燒烤油煙味，或是有些椅子座墊可掀開放置物品。

어떤 부위가 _____ ?

請問哪個部位 (肉) _____ ?

otton buwiga _____ ?

기름기가 적어요 比較不油 gireumgiga jogoyo	기름기가 많아요 比較油 gireumgiga manayo

불판 좀 갈아 주세요 .

請幫忙換烤盤。

bulpan jom gara juseyo.

烤肉店使用。

 湯類料理店的實用會話

국물 좀 더 주세요 .

請幫忙加湯。

gungmul jom do juseyo.

국물 더 줄 수 있나요 ?

請問可以加湯嗎？

gungmul do jul su innayo?

 吃到飽店家的實用會話

여기 무한리필 / 뷔페식이에요 ?

這裡的餐點是吃到飽的嗎？

yogi muhalripil / bwipesigi-eyo?

다른 비용 더 있나요 ?

有需要另外付費的嗎？

dareun biyong do innayo?

海鮮類餐廳的實用會話

오늘은 어떤 게가 더 좋아요 ?
今天哪種螃蟹的品質比較好？

oneureun otton gega do joayo?

생선회 좀 추천해 주세요 .
請幫我推薦生魚片。

saengsonhwe jom chuchon-hae juseyo.

 用餐完要結帳的時候

계산해 주세요 .
請幫我結帳。

gyesanhae juseyo.

或拿餐點明細去櫃台。

따로 계산 가능해요 ?
我們可以分開付款嗎？

ttaro gyesan ganeung-haeyo?

請避免在用餐尖峰時間分開付款。

포장 가능해요 ?
請問可以打包嗎？

pojang ganeung-haeyo?

카드 가능해요 ?
可以刷卡嗎？

kadeu ganeung-haeyo?

영수증 주세요 .
請給我收據。

yongsujeung juseyo.

常是感熱紙列印。

詢問其他的服務

사진 찍어도 되나요 ?

請問可以拍照嗎？

sajin jjigodo dwenayo?

전기포트 있나요 ?

請問有快煮壺嗎？

jongi-poteu innayo ?

사진 좀 찍어 주시겠어요 ?

可以幫我們拍照嗎？（遞上手機）

sajin jom jjigo jusigessoyo?

따뜻한 물을 주세요 .

請給我溫水。

ttatteutan mureul juseyo.

如果是吃藥、泡奶粉，也可以同時拿物品給店員看。

 禮貌用語

고맙습니다 .

謝謝。

gomap-sseumnida.

一般來說，在餐廳用這個即可。

감사합니다 .

感謝。

gamsa-hamnida.

最高等級用語，感謝他人的恩惠。

깻잎 한입 어묵
3,000원

2AF657

韓食點餐完全圖解：看懂菜單╳道地吃法╳實用會話，
不會韓文照樣吃遍烤肉、炸雞、鍋物、海鮮市場等 14 大類正韓美食

作　　　者	Helena（海蓮娜）
校 對 協 力	王淨嬪、王稚鈞、陳妤甄
責 任 編 輯	溫淑閔
主　　　編	溫淑閔
版 面 構 成	江麗姿
封 面 設 計	走路花工作室
行 銷 企 劃	辛政遠、楊惠潔
總 編 輯	姚蜀芸
副 社 長	黃錫鉉
總 經 理	吳濱伶
發 行 人	何飛鵬
出　　　版	創意市集

發　　　行　城邦文化事業股份有限公司
　　　　　　歡迎光臨城邦讀書花園
　　　　　　網址：www.cite.com.tw

香港發行所　城邦（香港）出版集團有限公司
　　　　　　香港灣仔駱克道 193 號東超商業中心 1 樓
　　　　　　電話：（852）25086231
　　　　　　傳真：（852）25789337
　　　　　　E-mail：hkcite@biznetvigator.com

馬新發行所　城邦（馬新）出版集團
　　　　　　Cite（M）Sdn Bhd
　　　　　　41, Jalan Radin Anum, Bandar Baru Sri
　　　　　　Petaling, 57000 Kuala Lumpur, Malaysia.
　　　　　　電話：（603）90563833
　　　　　　傳真：（603）90576622
　　　　　　E-mail：services@cite.my

印　　　刷　凱林彩印股份有限公司
　　　　　　2023 年 12 月　初版 6 刷
　　　　　　Printed in Taiwan
定　　　價　400 元

客戶服務中心
地址：10483 台北市中山區民生東路二段 141 號 B1
服務電話：（02）2500-7718、（02）2500-7719
服務時間：周一至周五 9：30 ～ 18：00
24 小時傳真專線：（02）2500-1990 ～ 3
E-mail：service@readingclub.com.tw

※ 詢問書籍問題前，請註明您所購買的書名及書號，以及在哪一頁有問題，以便我們能加快處理速度為您服務。
※ 我們的回答範圍，恕僅限書籍本身問題及內容撰寫不清楚的地方，關於軟體、硬體本身的問題及衍生的操作狀況，請向原廠商洽詢處理。

※ 廠商合作、作者投稿、讀者意見回饋，請至：
FB 粉絲團・http://www.facebook.com/InnoFair
Email 信箱・ifbook@hmg.com.tw

國家圖書館出版品預行編目（CIP）資料

韓國點餐完全圖解：看懂菜單╳道地吃法╳實用會話，不會韓文照樣吃遍烤肉、炸雞、鍋物、海鮮市場等 14 大類正韓美食 / 海蓮娜著 .-- 初版 .-- 臺北市：創意市集出版：城邦文化發行 , 2023.01

面；　公分

ISBN 978-986-5534-15-8(平裝)

1. 飲食風俗 2. 韓國

538.7832　　　　　　　　　　109014080